Hertha
Rühmann

*Meine Jahre
mit Heinz*

Hertha Rühmann

Meine Jahre mit Heinz

Mit 96 Abbildungen

Langen Müller

Bildnachweis

Hans-Peter Bartling: 50; Peter Bischof, Worpswede: 27; Deutsches Theatermuseum, München: 12, 13 (beide Archiv Hildegard Steinmetz), 38, 39, 40, 41 (alle vier Archiv Sabine Toepffer); Filmmuseum Berlin – Deutsche Kinemathek: 1, 2, 35, 36, 51, 80, 81; Foto Firsching, München: 69–71, 73; W. H. Greeneveld, Hamburg/GONG: 47, 48; Anne Kirchbach, Söcking bei Starnberg: 90; Jochen Körner, Hamburg: 52; J. E. Kovács, Söcking bei Starnberg: 43; Fred Lindinger, München: 6; Gerhard Pohl, Hamburg: 9; Horst Prange, Wörthsee: 7; Winfried E. Rabanus, München: Frontispiz, 5, 41, 42, 44, 45, 49, 92; Wilhelm W. Reinke, Berlin: 89; Archiv Rühmann: 3, 4, 8, 10, 11, 14, 18–20, 22–26, 28, 30–34, 37, 46, 53–68, 74–79, 83–88, 91, 93, 95; Schneider-Press, München: 72; Ulrich Skoruppa/Copyright BUNTE: 15–17, 94; TelePress, Schweigmann & Waldhelm, Hamburg: 29; Ullstein Bilderdienst, Berlin: 82; Presse-Foto Norbert Unfried: 21.

Der Verlag konnte in einzelnen Fällen die Inhaber der Rechte an den reproduzierten Fotos nicht ausfindig machen. Er bittet, ihm bestehende Ansprüche mitzuteilen.

Frontispiz
Heinz Rühmann 1980 während Dreharbeiten in New York

Besuchen Sie uns im Internet unter:
http://www.langen-mueller-verlag.de

1. Auflage September 2004
2. Auflage Oktober 2004

© 2004 F. A. Herbig Verlagsbuchhandlung GmbH, München
Alle Rechte vorbehalten
Umschlaggestaltung: Wolfgang Heinzel
Umschlagbilder: Winfried E. Rabanus (vorne),
Archiv Rühmann (hinten)
Produktion und Satz: VerlagsService Dr. Helmut Neuberger
& Karl Schaumann GmbH, Heimstetten
Gesetzt aus der 12/15,2 Punkt Berkeley
auf Apple Macintosh in Quark XPress
Druck und Binden: GGP Media GmbH, Pößneck
Printed in Germany
ISBN 3-7844-2970-X

Nicht wie alle Leute

Vor nunmehr vierundsechzig Jahren begegnete mir Heinz Rühmann zum ersten Mal. Nein, nicht persönlich, natürlich im Kino.

Es war ein ganz besonderer Tag in meinem noch sehr jungen Leben, der letzte in meiner Heimat, dem Baltikum, wo ich aufwuchs. Um die Wartezeit bis zur Abreise und den Abschiedsschmerz zu überbrücken, sah man sich jenen Film an, in dem Sieber, Brausewetter und Rühmann auftraten: *Paradies der Junggesellen*.

Über Josef Sieber weiß ich nichts Genaues, aber das Schicksal von Hans Brausewetter ist mir bekannt: Er kam während des Krieges bei einem Bombenangriff ums Leben. Der Dritte im Bunde, Heinz Rühmann, lebte schon ein langes Leben und ich das meine.

Dann heirateten wir.

Es war neblig und nieselte auf der Insel Sylt. Der Standesbeamte, Herr Orff, erwartete uns. Wir wollten uns ganz heimlich und ganz schlicht von ihm trauen lassen. Unterwegs mussten wir mit dem Auto anhalten – genau gegenüber von einem Blumenladen. Ich zögerte, dann sprang ich spontan hinaus und erstand ein Sträußchen gelber Rosen. Eine davon heftete ich meinem Bräutigam ans Revers. Nun war die Trauung nicht mehr ganz so schlicht. Aber heimlich.

Nicht wie alle Leute

1 *Meine erste »Begegnung« mit Heinz Rühmann 1939: Der Film mit Josef Sieber und Hans Brausewetter hieß »Paradies der Junggesellen«.*

Sie fand nicht auf dem Standesamt statt, sondern in der Wohnung des Standesbeamten – das hatten wir uns ausgebeten »wegen der Leute«. Die Gattin und die Tochter von Herrn Orff waren unsere Trauzeugen, seine Ansprache die schönste, die je bei einer Hochzeit gehalten wurde, fanden wir. Champagner und Häppchen für fünf Personen standen bereit, und dann konnten wir endlich allein sein.

Wir saßen am Fenster der Wohnung, die Freunde uns ahnungslos für diesen Tag zur Verfügung gestellt hatten und blickten auf die abendliche Heide, tranken einen Whiskey und fanden: So sollten alle Menschen heiraten.

Dass wir nicht »alle Menschen« sein durften, stellte ich eine Woche später fest. Telegramme, Blumen, Glückwünsche aus Fern und Nah – das ging ja noch. Aber Fotografen, Reporter auf Schritt und Tritt – das erschreckte mich sehr. Das kannte ich doch gar nicht und war darauf nicht vorbereitet. Ich weinte, als ein Titelfoto von mir auf einer Illustrierten erschien, einen Kuchenteller tragend – und ohne vorher beim Friseur gewesen zu sein!

Aber es gab nicht nur Glückwünsche. Es gab Häme und Kritik von einer Seite, die meinem Mann sehr nahe stand und die ihn tief verletzte. Ich fiel aus allen Wolken! Doch es gab da eine Wolke, auf die wir flüchten konnten, eine Wolke aus Liebe und Harmonie, die uns zwanzig glückliche Jahre trug.

Natürlich segelte die nicht einfach so daher. O nein! Es gab Höhen und Tiefen, bis wir sie fanden, Zweifel und Zuversicht, Hoffnung und Resignation auf beiden Seiten.

Oft werde ich gefragt, wie und bei welcher Gelegenheit wir uns persönlich kennen gelernt haben. Jedenfalls nicht auf dem Golfplatz, wie in manchen Gazetten zu lesen war! Es geschah in München, im Hause der Familie von Siemens.

Ich erinnere mich noch sehr genau an diese Abendeinladung Mitte der Sechzigerjahre. Viele Gäste waren geladen, zahlreiche Persönlichkeiten aus Kunst, Wissenschaft, Wirtschaft und Politik. Ich trug ein grünes Chiffonkleid mit weißen Punkten und hatte mich zu Bekannten in eine gemütliche Ecke des großen Salons gesetzt. Plötzlich kam der Schauspieler Heinz Rühmann sehr zielstrebig daher und ließ sich auf einem gerade frei gewordenen Sessel nieder. Nie werde ich erfahren, ob er sich zu *mir* oder *in den Sessel*, der zufällig neben mir stand, begeben wollte. Er

Nicht wie alle Leute

sprach mich sofort an und im Nu waren wir in ein längeres Gespräch vertieft. Noch heute wundert es mich, wieso ich ihm von Johannisabenden im Baltikum erzählte, von den Feuergarben auf hohen Stangen, die von überall aufleuchteten, von bekränzten Menschen, von ihren Speisen, ihren Liedern … Am meisten wundere ich mich aber über das Interesse, mit dem er mir zuhörte.

Schließlich trat Julia von Siemens, die Dame des Hauses, zu uns und meinte scherzhaft, ich könne doch ihren prominenten Gast nicht den ganzen Abend für mich allein beanspruchen. Nein, das wollte ich auch gar nicht und fühlte mich sogar etwas erleichtert, als sie ihn am Arm nahm und zur Gattin des damaligen bayerischen Ministerpräsidenten Alfons Goppel setzte.

In das sehr weltläufige, tolerante Haus war an jenem Abend auch ein etwas umstrittener Filmregisseur geladen. Kaum war der Sessel an meiner Seite frei geworden, setzte er sich zu mir und meinte, ich sei offensichtlich gut bekannt mit dem Schauspieler und könne doch für ihn, da er zurzeit beruflich keine Fortune habe, ein gutes Wort bei Rühmann einlegen. Er war sehr erstaunt zu hören, dass Heinz Rühmann und ich uns gerade kennen gelernt hatten und entfernte sich daraufhin auch bald wieder.

Die bekannte Schauspielerin Hertha Feiler, Rühmanns Frau aus zweiter Ehe, lernte ich durch eine gemeinsame Freundin kennen. Wir trafen uns zu dritt einige Male, sowohl in Rühmanns Haus als auch bei mir zum Tee.

Dann gab es eine große Einladung bei der Freundin und ihrem Mann zum Abendessen. Ich half bei den Vorbereitungen, und als wir bei der Sitzordnung angelangt waren,

Nicht wie alle Leute

2 Heinz mit seiner zweiten Frau Hertha Feiler in dem Film »Die Ente klingelt um halb acht«, 1968

wurde ich gefragt, wen ich mir wohl zum Tischherrn wünschen würde. Ich kam mir selbst sehr unbescheiden vor, als ich den großen, berühmten Filmstar Heinz Rühmann erbat.

Ich bekam ihn. Wortkarg und unlustig saß er neben mir, ging mit keinem Wort auf unsere erste Begegnung ein, die allerdings schon eine ganze Weile zurücklag. Ich wunderte mich etwas, erfuhr dann aber, dass er sich körperlich an jenem Abend nicht wohl gefühlt hatte. Seine Frau, strahlend und schön, saß uns schräg gegenüber an der Tafel und blickte immer wieder zu ihrem Mann herüber. Ich bewunderte sie sehr und konnte es gar nicht fassen, als sie

Nicht wie alle Leute

3 *Danksagung von Heinz Rühmann für meinen Kondolenzbrief*

nicht lange danach, am 1. November 1970, gestorben ist. Unsere Freundin rief mich an und bat darum, sich meinen schwarzen Mantel ausleihen zu dürfen. Sie ging damit zur Beerdigung, die in ganz engem Kreis erfolgte. Ich schrieb einen Kondolenzbrief an die Hinterbliebenen.

An dieser Stelle möchte ich etwas erzählen, was gar nicht hineinzupassen scheint. Oder doch?

Mitten im Krieg, 1944, heiratete ich in Berlin meinen ersten Mann, den Verleger Willy Droemer. Sehr jung und sehr naiv, wie ich damals war, hatte ich mir ein weißes Brautkleid für die kirchliche Trauung eingebildet, dem zerbombten Berlin und dem schrecklichen Kriegsgeschehen zum Trotz. Kaufen konnte man damals so gut wie nichts, schon gar nicht ein weißes Brautkleid. Ich bekam es. Man hatte Beziehungen zu den Babelsberger Filmate-

Nicht wie alle Leute

liers. Im Fundus befand sich ein weißes Brautkleid, das seinerzeit für die Filmbraut Hertha Feiler angefertigt worden war. Es musste nur unwesentlich für mich abgeändert werden.

Nach dem Tod seiner Frau verging fast ein Jahr, ohne dass ich von Heinz Rühmann etwas hörte. Eines Tages, Anfang September 1971, läutete das Telefon und er war dran. Ich sei so schwer zu erreichen gewesen, er hätte es des Öfteren versucht – es trifft zu, dass ich in dem Jahr viel auf Reisen war. Er hätte gerade eine Filmarbeit beendet, so berichtete er. Es war *Der Kapitän* und spielte auf einem Kreuzfahrtschiff. Erfreut, aber auch überrascht war ich, als er ein Wiedersehen vorschlug – so plötzlich aus heiterem Himmel. Wie sollte das gehen? Mir war augenblicklich klar, dass man sich mit Heinz Rühmann nicht einfach in ein Café setzen konnte, ohne Aufsehen zu erregen. Das wollte ich unter keinen Umständen – das wollten wir in den kommenden drei Jahren, bis zu unserer Hochzeit, beide nicht.

Zufällig war gerade in jenen Tagen ein alter Bekannter aus Berlin in München, den ich zum

4 Wir trafen uns nach seinen Dreharbeiten zu dem Film »Der Kapitän«, 1971.

Nicht wie alle Leute

Abendessen eingeladen hatte. So lud ich Heinz Rühmann einfach dazu.

Erwin, mein Berliner Freund, ein brillanter Architekt, war zuerst da. »Wer kommt denn noch?«, fragte er angesichts der drei Gedecke auf dem Esstisch.

»Mein Geheimnis«, antwortete ich.

Erwin begann dann, wie immer, meine Wohnung neu einzurichten. »Dieses Sofa musst du in die andere Ecke stellen«, meinte er. »Besucher haben dann einen längeren Weg, um die Hausfrau zu begrüßen, wenn du da sitzt.«

Inzwischen war mein Geheimnis eingetroffen und hatte einen sehr kurzen Weg, um in den Armen des sehr großen und dicken Menschen aus Berlin zu versinken. »Nein, mein Heinzchen, dass ich dich hier wiedersehe. Nach so vielen Jahren!«

Natürlich wurde es ein sehr angeregter Abend für beide Herren. Sie sprachen pausenlos von alten Zeiten, ab und zu auch mit vorgehaltener Hand, wenn etwas nicht für meine Ohren bestimmt war. Also ein sehr amüsanter Abend für mich! Außerdem gab es dann zum Essen Krebse, die Rühmann nicht ausstehen konnte. – Fiasko!

Mit diesen trübsinnigen Gedanken wachte ich am nächsten Morgen auf, hörte dann aber schon das Telefon. Herr Rühmann rief in aller Frühe an, um sich für die Einladung zu bedanken. »Es war entzückend bei Ihnen, ich möchte mich gerne revanchieren. Hätten Sie Lust zu einem Alpenrundflug mit mir in meinem kleinen Sportflugzeug?«

Lust?! Mein Herz hüpfte und jubelte. Vor Jahren war ich schon einmal in so einem Zweisitzer »aus Pappmaché«,

Nicht wie alle Leute

6 Fünfzig Jahre Glück über den Wolken

Platz erinnert mich ein weißer Hut und sonst nur, dass ich dort mit schlotternden Knien Ängste ausgestanden habe. Auch kein Ruhmesblatt verdiente ich mir beim ersten Golfspiel mit Heinz in Strasslach bei München. Ich schäme mich heute noch, so schlecht war ich. Auf einem kleinen Hügel nach einem total misslungenen Abschlag gab er mir zum ersten Mal einen Kuss. Zum Trost, vermute ich. Oder weshalb sonst?

Der Eindruck täuscht, mein Leben spielte sich wirklich nicht über den Wolken und auf Golfplätzen ab, das seine auch nicht. Heinz Rühmann arbeitete damals noch viel in seinem Schauspielerberuf. Die Schauspielerei ging ihm über alles, eben auch über seine Hobbys, so wichtig sie

Nicht wie alle Leute

ihm auch waren. Bei einem Klassentreffen mit einigen älteren Herren um die Siebzig, die mit ihm die Schulbank gedrückt hatten, wurde er gefragt: »Wann gehst du endlich in Pension?« Mit Genugtuung erzählte er diese Geschichte im Gefühl der Überlegenheit über jene Altersgenossen, die sich schon zur Ruhe gesetzt hatten.

Im Laufe der Zeit, als ich mehr und mehr hinter die Kulissen schauen durfte, wurde mir klar, wie wenig man als normaler Bürger über die Welt auf der anderen Seite des Vorhangs weiß. Das änderte sich für mich bald.

Im Oktober 1972 brachten die Münchner Kammerspiele ein Stück von Harold Pinter auf die Bühne. Heinz Rühmann spielte den *Hausmeister* – so lautete der Titel. Der unvergessliche August Everding führte Regie und war derjenige, der Heinz Rühmann ermutigte, einmal »eine ganz andere Rolle« zu übernehmen, so, wie er im wirklichen Leben nie sein könnte: ein verschlagener, heruntergekommener Kerl. Ich wurde als Stichwortgeberin engagiert und durfte den Mimen abhören, als er zu Hause in Grünwald damit begann, den Text zu lernen.

Er war bekannt dafür, nie schlecht vorbereitet zu den Proben zu gehen. Meine Erfahrungen für meine neue, mit Stolz aufgenommene Aufgabe beschränkte sich auf das Abhören unregelmäßiger Verben bei meinen Kindern. Der Schauspieler tat sich etwas schwer mit meiner Methode, aber mit lebenslangem Training im Auswendiglernen schaffte er den Pinterschen Text trotzdem.

7 Die ungeliebte Rolle: In Harold Pinters »Der Hausmeister« 1972 an den Münchner Kammerspielen

19

Nicht wie alle Leute

Schließlich kam es zur Premiere. Zitternd vor Aufregung saß ich im Zuschauerraum, ringsum ganz in meiner Nähe sein Sohn, seine Schwiegertochter, sein Bruder mit Frau Karola, einige ganz enge Freunde. Diese alle kannten mich nicht und waren mir doch durch den Umgang mit Heinz schon sehr vertraut. Eine ganz pikante Situation. Der Schlussapplaus, der in erster Linie den hervorragenden Schauspielern galt –, neben Rühmann Michael Schwarzmeier und Gerd Baltus – konnte nicht darüber hinweg täuschen, dass das Publikum heitere, gefälligere Stücke mit Heinz Rühmann lieber sah.

Wenn man, kurz nachdem der letzte Vorhang gefallen ist, durch das kleine seitliche Türchen auf die Bühne gelangt und zu den Künstlergarderoben will, überfällt es einen geradezu, wie plötzlich ein Traum in sich zusammenbrechen kann. Der Zauber ist wie weggefegt, und wie ein Spuk sind auch alle Akteure verschwunden. Bei Arbeitslicht stehen Männer auf hohen Leitern und angeln nach Kabeln, Seilen, Dekorationsstücken, die vom Schnürboden herunterbaumeln. Man klettert über Bretter, über Kulissenteile, Möbel und ausgehängte Türen und muss aufpassen, nicht hinzufallen. Ich glaube, Bühnenarbeiter sind die flinksten der Welt.

Heinz sitzt in seiner Garderobe vor dem Spiegel und wird vom Maskenbildner Josef Coesfeld aus Coesfeld im Münsterland abgeschminkt. Der tut das schon seit fünfundzwanzig Jahren und begleitet seine Tätigkeit mit munteren Reden, alten Witzen und neuem Theaterklatsch. Heinz hat vieles wohl schon öfter gehört und seine Aufmerksamkeit hält sich in Grenzen. Dafür widmet er sich

8 Hinter den Kulissen mit Walter Schreiber und Jupp Coesfeld

mehr seinen Maskottchen, die vor ihm auf einem kleinen Bord aufgereiht stehen. Alle schon etwas abgegriffen und ramponiert, aber heiß geliebt und unentbehrlich. Nach jeder Vorstellung werden sie sorgfältig in Seidenpapier gepackt und in einem Säckchen verstaut, damit ihnen ja nichts passiert. Nie bleiben sie in der Garderobe liegen, auch wenn am nächsten Tag die gleiche Vorstellung stattfindet.

Etwas im Hintergrund legt Walter Schreiber, der Garderobier, die Kostüme zusammen. Von Jupp wird er kameradschaftlich, aber doch etwas von oben herab behandelt: »Na, Walter, was für ein Stück haben wir denn heute gespielt? Hast du das schon mitgekriegt?«, neckt er ihn.

Nicht wie alle Leute

Walter mochte mich, vielleicht aus einem Solidaritätsgefühl heraus, weil er meine Befangenheit und gewisse Unsicherheit in dieser völlig neuen, unbekannten Theaterwelt spürte. »Da kommt die Süße«, raunte er dem Herrn Rühmann zu, wenn ich die abgetretene Steintreppe zu den Garderoben hinauf eilte, um Heinz abzuholen.

Walters Sohn lebte in der damaligen DDR mit seiner kleinen Familie, und der Opa versorgte sie mit allem, was ihnen fehlte und was er sich vom Munde absparen konnte. Unsere Verbindung zu diesem getreuen Menschen riss nie ab. Jedes Jahr zur Weihnachtszeit erhielten wir ein Kistchen mit herrlichem Spalierobst aus seinem Garten. Als er neunzig Jahre alt wurde, lange nach Heinzens Tod, stiftete ich den Sekt und die Geburtstagstorte für die Familienfeier in seiner brandenburgischen Heimat, wo er nun, nach der Wende, die letzten Jahre seines tapferen Lebens verbringen konnte.

Jupp Coesfeld hat jahrelang fast alle Bärte, Haarteile und Perücken für Rühmanns Rollen geknüpft und ihn in den jeweiligen Theater- oder Filmgarderoben geschminkt und für den Auftritt zurechtgemacht. Natürlich entwickelte sich im Laufe der Jahre eine vertraute Beziehung zwischen den beiden, gewissermaßen eine Freundschaft. Rühmann duzte ihn, umgekehrt war er für Jupp der »Herr Rühmann«. So war es wohl üblich.

Jupp war mit Leib und Seele Maskenbildner und beäugte kritisch Haarteile etc. an anderen Schauspielern, die er nicht angefertigt hatte. In seinen Augen stand die Qualität dieser »Teilchen«, wie er in seiner heimischen Mund

Nicht wie alle Leute

9 *Am Schminktisch mit einem seiner vielen Maskottchen*

art diese Haarbüschel bezeichnete, in ursächlichem Zusammenhang mit der Qualität der ganzen Aufführung, des ganzen Films.

Einen großen Kummer bereitete ihm der Tod seiner Frau. Sie, sein geliebtes Trudchen, war nicht nur ein sehr lieber, sie muss auch ein sehr großmütiger Mensch gewesen sein. In Sorge um ihren Mann, den sie allein lassen musste, bemühte sie sich noch auf dem Sterbebett um eine Nachfolgerin. Im Nebenhaus lebte eine allein stehende Dame, die Trudchen für ihren Jupp auserwählt hatte. Es war eine gute Wahl. Sie war hübsch, nicht zu jung und besaß neben einem liebenswerten, charmanten Wesen auch

Nicht wie alle Leute

ein Kapitänspatent! Ich weiß nicht, für wie viel BRT das galt, aber es genügte, um ihr Schiff in den sicheren Ehehafen zu manövrieren. Heinz und ich waren Trauzeugen und waren dies gern.

Viele meinen, Heinz Rühmann sei ein Berliner. Dort wohnte er aber nur in seinem Erwachsenen- und ersten Schauspielerleben bis 1945. Geboren ist er in Essen, seine Jugend, seine Gymnasialzeit und den weitaus größten Teil seines Lebens verbrachte er in München.
Als Junge kam er hierher mit seiner Mutter und den Geschwistern. Seine ersten Eindrücke hat er aus irgendeinem Grund aufgezeichnet:

… dieser Unterschied gegen Essen, gar nicht mal so sehr von Stadt zu Stadt, das zu bemerken war ich zu jung, aber die Menschen waren anders. Die meisten verstand ich gar nicht, und da sind wir auch schon bei der Sprache. Dieses »Grüß Gott« ließ mich nicht los. Das war doch ganz was Neues. Der liebe Gott ein Gruß? Ich konnte mich nicht entschließen, so zu grüßen. Meist betrat ich nur stumm ein Geschäft und genierte mich. Ich galt als unhöflich. Damals musste ich doch viel in Geschäften einkaufen für Mutti. Ilse (Schwester) war noch zu klein. Ich versuchte, »Grüß Gott« schon auf der Straße vor mir aufzusagen – um drinnen im Laden stecken zu bleiben. Bei den anderen klang es ganz natürlich, aber bei mir fremd. Das Ganze wurde zum Komplex, wenn nicht bald was geschah. Und es geschah: Ich kaufte Brötchen, verlangte »Semmeln«. Die erste Hürde

Nicht wie alle Leute

war genommen. Und als mir die Semmeln eingepackt wurden, sagte ich mit einemmal: »Grüß Gott«. Die Bäckerin lachte, ich auch. Sie meinte: »So a lustiger Bua!« Ich zahlte und sagte sehr leger im Hinausgehen: »Grüaß God«. An dem Tag suchte ich jede Gelegenheit, diesen schönen Gruß zu sagen. Ein glücklicher Junge rannte durch Münchens Straßen.

Noch als Schüler ging Heinz weiter auf Entdeckungsreisen in seiner neuen Heimat. Eines Tages entdeckte er die Berge. Die zogen ihn mächtig an. Mutterseelenallein fuhr er in den Ferien und an sonstigen schulfreien Tagen mit dem Fahrrad nach Süden, hinaus aus der Stadt. Mir wurde ganz schwindlig, wenn er erzählte, wo er überall hinaufgekraxelt ist. In seinem Rucksäckchen hatte er einen kargen Proviant für den Tag. Manchmal nur eine Büchse mit Kartoffelpüree von zu Hause.

Es waren die Jahre nach dem Ersten Weltkrieg. Auch damals waren Lebensmittel knapp oder für seine Mutter unerschwinglich auf dem Schwarzmarkt. Noch einmal erlebte er den Hunger. Nach dem Zweiten Weltkrieg. Sie tingelten, sie spielten ganze Vorstellungen des *Mustergatten* in Dörfern und kleinen Städten für einen Sack Kartoffeln, für ein paar Eier für jeden Darsteller. Das Geld war wertlos. Man konnte dafür nichts kaufen.

Einmal – aber nur ein einziges Mal – klaute ich ein paar Mohrrüben auf einem Acker, um irgend etwas meiner Familie auf den Esstisch stellen zu können. Dabei lebten wir damals auf einem Dorf in Unterfranken. Gegenüber den Städtern hatten wir es noch gut.

Hört Gott uns gerne lachen?

Heute, am 2. Februar 2004, stand es in der Zeitung, und das Fernsehen brachte einen Ausschnitt in den Kultursendungen: »Otto Sander spielt den ›Hauptmann von Köpenick‹ am Bochumer Schauspielhaus.« Der letzte Film, in dem Heinz Rühmann 1993 mitspielte, hieß *Der Himmel über Berlin*, sein Regisseur (und Drehbuchautor) Wim Wenders. Otto Sander war Rühmanns Partner. Die beiden hatten da eine Szene, die unter die Haut geht. Sie spielten in einem Taxi aus der Vorkriegszeit, Heinz einen alten Taxichauffeur, Otto Sander einen Engel. Man spürte eine große menschliche und künstlerische Übereinstimmung zwischen den beiden. Im Laufe der Dreharbeiten in Berlin soll Heinz zu seinem Partner gesagt haben: »Den ›Hauptmann‹, den musste auch noch machen.«

Das ist ganz erstaunlich, wenn man weiß, wie eifersüchtig er sein konnte auf seine Kollegen, die seine früheren Rollen in Neuinszenierungen bekamen. Diesem Otto Sander hat er die Rolle seines Lebens vermacht. Ein Leben lang ließ sie ihn nicht los. Einmal sagte er zu mir: »Diese Figur des Hauptmanns würde ich heute ganz anders spielen.« Otto Sander spielt sie »ganz anders«. Vielleicht, wie es sich Heinz damals im Geiste vorgestellt hat. Ich bin dankbar, dass es dazu gekommen ist.

27

Hört Gott uns gerne lachen?

Im Frühjahr 1972 begab sich etwas Aufregendes. Heinz erzählte mir bei einem meiner Besuche in seinem Haus in Grünwald, dass Herr und Frau Meinck, Geschäftsleute in Johannesburg, ihn nach Südafrika eingeladen hätten. Er dächte daran, diese Einladung anzunehmen.

Das überraschte mich. Inzwischen wusste ich, dass er Einladungen auch zu nicht ganz so entfernten Zielen meistens absagte. Aber, so fügte er hinzu, fliegen könne er dort auch und das stelle er sich sehr reizvoll vor. Zebras und Krokodile von oben.

Aha! Ein Mensch, dessen Tag möglichst minuziös ablief, der ärgerlich wurde, wenn das Telefon nach 19 Uhr klingelte, konnte ohne weiteres mitten in der Nacht angerufen werden, wenn es um eine fliegerische Angelegenheit ging – und sei es bis nach Südafrika!

Ich solle doch mitkommen.

Natürlich ließ ich mir das nicht zweimal sagen, und das nicht nur wegen der Krokodile, wie jeder verstehen wird.

In die südafrikanische Republik – dahin konnte man damals nicht einfach so. Unsere Einreisevisa bekamen wir erst nach einer eingehenden, höchst offiziellen Belehrung beim Generalkonsul. Dieser wurde ganz feierlich, als er uns über die unumgängliche Notwendigkeit der Apartheid in der Republik aufklärte. Bald würden wir uns ein eigenes Bild davon machen können.

Der Flug von Frankfurt aus war lang und umständlich. Die Route konnte aus politischen Gründen nicht direkt geflogen werden, man musste einen Umweg über die Kanarischen Inseln an der Westküste Afrikas entlang nehmen. Durch Verspätungen und Zwischenlandungen waren wir

Hört Gott uns gerne lachen?

von München aus praktisch fast zwei Tage und eine Nacht im Jumbo unterwegs, als wir in Johannesburg um zirka 16 Uhr landeten. Von den Gastgebern, die Heinz eingeladen hatten, wurden wir aufs Herzlichste am Flughafen begrüßt und ins Hotel geleitet. Der Name dieser luxuriösen Unterkunft war »Balalaika«, nach dem bekannten, typisch russischen Musikinstrument – mein baltischer Großvater besaß solch eine Zupfgeige, wie wir Kinder das nannten. Für Südafrika klang Balalaika exotisch, für uns war es eine Unterkunft in spitzen, strohgedeckten Zelten.

Heinz hatte den langen Flug in bester Kondition überstanden und war guter Dinge. Nach einem Ruhetag in der milden Herbstsonne – im Mai blühen dort die letzten Rosen – waren wir zu einem Begrüßungscocktail vom Deutschen Club eingeladen. Die Gesellschaft bestand hauptsächlich aus deutschen Emigranten, wie wir feststellen konnten. Alle waren festlich angezogen, gut aufgelegt und angeregt durch die Begegnung mit dem populären Filmstar aus Deutschland. Ich lief so mit als gute Freundin und seine Reisebegleiterin, was ja beides der Wahrheit entsprach. Für alle anfallenden Kosten – so weit sie meine Person betrafen – kam ich selbstverständlich selbst auf. Es wurde akzeptiert und gab mir nach allen Seiten hin ein gutes Gefühl der Unabhängigkeit.

Für die nächsten Tage ergaben sich private Einladungen zum Dinner, zum Tee – begrüßenswerte Gelegenheiten, Einblicke in die jeweiligen Lebensbedingungen zu gewinnen: die der Weißen und die der Schwarzen. Letztere erlebte man überall als Dienende, als Untergebene. Bei aller Flüchtigkeit der Begegnungen bekam man doch einen Be-

29

10 Fliegen in Swasiland

griff davon, wie sich die Apartheid für die Betroffenen ausgewirkt hatte.

Wir flogen über das weite Land – wir flogen schließlich nach Swasiland, in das kleine Königreich mitten auf dem afrikanischen Kontinent. Der König bewohnte ein richtiges Haus aus Stein, umgeben von zahlreichen Lehmhütten. Darin lebten seine Frauen. Wegen der Geschwindigkeit des Fliegens konnte ich nicht zählen, wie viele es waren. Jede hatte eine eigene Hütte, wurde uns versichert.

Der Fliegerclub von Swasiland ernannte Rühmann in einer feierlichen Zeremonie zum Ehrenmitglied. Er bekam

Hört Gott uns gerne lachen?

eine Urkunde und eine verzierte Plakette. Beides kann man im Berliner Filmmuseum am Potsdamer Platz noch heute betrachten. Ich nehme an, er ist der einzige deutsche Sportflieger, der eine solche Auszeichnung dieses kleinen Eingeborenen-Staates bekam.

Fliegerisch betreut wurden wir von einem Deutschen, dessen Job es war, Heuschrecken- und andere Insektenplagen aus der Luft zu bekämpfen. Natürlich zeigte er uns auch Zebras und andere wilde Tiere, auch Krokodile, aus der Luft. Einmal flogen wir sehr tief durch eine Schlucht. Unten lagen wirklich Krokodile in dem schmalen Flusslauf, und es schien, als würden sie schon ihre unheimlichen Mäuler nach uns aufreißen. Ich jubelte, aber Heinz war sehr still. »So tief fliegt man nicht mit Passagieren«, bemerkte er nachher, aber nur zu mir.

Es wurde ein Flug auf eine kleine Insel im Indischen Ozean arrangiert. Sie hieß Inhaca oder so ähnlich. Ich habe sie im Atlas nicht finden können – offenbar ist sie zu klein. Kurz vor dem Start hieß es, wir hätten noch zwei

11 Golf spielen in Südafrika

Hört Gott uns gerne lachen?

Missionare nach Maputo mitzunehmen. Diese Stadt liegt am südlichsten Zipfel von Mosambik, das an Swasiland angrenzt.

Das viersitzige Sportflugzeug war durch uns, den Kopiloten und einen Begleiter schon voll besetzt, sodass die Missionare mühsam auf zwei Notsitzen im hinteren Teil untergebracht werden mussten. Heinz saß links und steuerte die Maschine, rechts von ihm der Kopilot.

Das überladene Flugzeug kam anfangs nicht so recht auf Touren und machte *tip-pigs*. Ein Warnzeichen. Von den beiden geistlichen Herren vernahm man einen ängstlichen Wehlaut, worauf der Kopilot sich umdrehte und ihnen etwas respektlos zurief, sie hätten nichts zu befürchten, das sei die Stimme ihres Herrn. Alle anderen brachen in Gelächter aus, und das Flugzeug schwebte daraufhin in den makellos blauen Himmel. Hört Gott uns gerne lachen?

Schließlich setzten wir unsere beiden Passagiere wohlbehalten in Maputo ab und flogen übers Meer auf die Insel. Es war feucht und heiß dort, während der ganzen Nacht schrien riesige schwarze Vögel in den Bäumen um unsere *lodge* herum.

Gleich am nächsten Morgen machten wir kehrt – zurück nach Swasiland, wo es uns ausnehmend gut gefiel, mit sauberen, freundlichen und freien Menschen. Aus Zeitmangel – unser afrikanisches Abenteuer ging dem Ende zu – kam es nicht zu der Audienz beim König. Schade.

Die »Sunny Boys« und ein glückliches Finale auf Sylt

Die erste Zeit, in der Heinz und ich uns näher kamen, war teilweise kompliziert und schwierig. Jeder von uns hatte ein Leben schon hinter sich. *Mir* war seine Welt fremd, viel Neues musste verkraftet werden, meiner Familie und meinen Freunden konnte ich mich nicht mehr so intensiv widmen wie bisher, was mich sehr bedrückte und Opfer forderte. *Er* trug schwer an dem Verlust seiner Frau. Noch als wir vier Jahre nach ihrem Tod heirateten, bewahrte er ihr Andenken tief in seinem Herzen. Ich habe seine Gefühle nachempfinden und voll akzeptieren können. Anders wäre unsere Partnerschaft nicht möglich gewesen.

Seinem Sohn Peter war es nicht einfühlbar, dass sein Vater eine neue Verbindung einzugehen gedachte, dass es ihm in seinem Alter nicht genügte, für ihn und seine Familie zu leben – schließlich gingen sie liebevoll und fürsorglich mit ihm um.

Vom Standpunkt der jungen Menschen aus sogar verständlich. Das ganz Schlimme daran war, dass diese Meinungsverschiedenheiten zwischen Vater, Sohn und Schwiegertochter an die Öffentlichkeit drangen. Das verletzte den Vater sehr – sein Privatleben war ihm immer heilig gewesen – und er fand es unverzeihlich, dass es so weit kommen musste.

Die »Sunny Boys« und ein glückliches Finale auf Sylt

Mir tat das alles sehr Leid, ich zog mich zurück, wollte nicht länger Anlass zu diesem Verdruss sein, aber Heinz ließ mich nicht los. Er konnte immer sehr zielstrebig sein, wenn er etwas wollte. Und er wollte dieses Leben mit mir.

In dem Jahr, in dem wir heirateten, brachten die Kammerspiele das Stück *Sunny Boys* von Neil Simon mit Heinz Rühmann, Paul Verhoeven, Knut Koch und Kerstin de Ahna heraus. Das erlebte ich nun ganz und gar mit, angefangen von den ersten Proben. Boleslaw Barlog hatte die Regie.

Ich kann gar nicht beschreiben, wie glücklich es mich machte, teilnehmen zu dürfen, einzutauchen in diese für mich so neue Welt. Am 20. März 1974 war Premiere. Ich hatte darum gebeten, *hinter* dem Vorhang, auf der Bühne, zuschauen zu dürfen. Gern gesehen wurde das nicht, glaube ich, aber man drückte ein Auge zu. Ich musste neben dem Feuerwehrmann in der »Nullgasse« stehen, ganz in der Ecke, so konnte ich niemanden stören.

Von diesem Posten aus konnte man ins Publikum sehen. Noch heute ist mir diese Indiskretion peinlich. Alle Zuschauer, vor allem in den ersten Reihen, meinen Blicken ausgesetzt, ahnungslos! Von den Vorgängen auf der Bühne bekam ich kaum etwas mit. Ich stand sozusagen im Rücken der Illusion.

Die Akteure wussten nichts von meinem Lauschposten hinter der seitlich geschlossenen Dekoration, durften es nicht wissen, der Rühmann schon gar nicht! Es hätte ihn sehr irritiert. Man glaubt nicht, wie sensibel ein Schau-

Die »Sunny Boys« und ein glückliches Finale auf Sylt

12/13 Neil Simons »Sunny Boys« 1974 an den Münchner Kammerspielen und am Thalia Theater in Hamburg mit Paul Verhoeven und Kerstin de Ahna

Die »Sunny Boys« und ein glückliches Finale auf Sylt

spieler sein kann – schließlich muss er jemand glaubhaft darstellen, der er nicht ist.

Bei einem späteren Versuch von mir, eine Komparsin im Film zu mimen, die auch noch einen kleinen Satz zu sagen hat, habe ich gemerkt, wie schwer das ist. Ungefähr zehnmal fiel die Klappe, bis Regisseur und Kameramann zufrieden waren. Mein Mann – damals war er es schon – wippte ungeduldig im Hintergrund mit dem Fuß, und manch einer am Set konnte ein schadenfrohes Grinsen nicht verbergen. Immerhin war diese Szene dann im Film zu sehen, war nicht herausgeschnitten worden. Ich saß bei der Premiere im Publikum und wäre am liebsten im Boden versunken.

Zu meiner Freude wurde mir kürzlich ein Gruß von Frau Kerstin de Ahna übermittelt. Vor fast genau dreißig Jahren war sie eine bezaubernde Partnerin von Heinz Rühmann und Paul Verhoeven in den *Sunny Boys*. Meine Erinnerungen daran, an diese Zeit, sind sehr gegenwartsnah. Ein neuer Lebensabschnitt bahnte sich an, und Begegnungen von großer Tragweite fanden statt.

Im August 1974 rollte der Thespiskarren aus den Münchner Kammerspielen mit den *Sunny Boys* zu einem dreimonatigen Gastspiel an Boy Goberts Thalia Theater in Hamburg. Ich sollte mit. Mein Karren war Heinzens Automobil. Im Gepäck hatten wir die unvermeidlichen Golfschläger.

Kurz vor Hamburg befindet sich ein verwunschener Ort in der Heide mit dem passenden Namen St. Dionys. Es gibt dort auch einen Golfplatz. Das wusste Heinz natürlich. Unter dem Vorwand, nicht abends müde in Hamburg

Die »Sunny Boys« und ein glückliches Finale auf Sylt

ankommen zu wollen, schlug er vor, in dem Städtchen zu übernachten und womöglich am nächsten Morgen eine Runde Golf zu spielen. Eine gute Idee, nur das mit dem Übernachten war leichter gesagt als getan. Es gab kein Hotel, der einzige Gasthof war wegen Renovierung geschlossen. Etwas ratlos spazierten wir herum, bis uns unverhofft ein stattlicher Herr ansprach. Er und Heinz kannten sich aus dem Filmgeschäft, und mit seiner Hilfe fand sich eine Bleibe für die Nacht. Wieso der Schauspieler Heinz Rühmann plötzlich in Begleitung einer weiblichen Person in der Heide herumlief, war für ihn gewiss überraschend und weckte seine Neugierde, aber er war Kavalier, ließ sich nichts anmerken und lud uns zum Abendessen ein. Es gab »Aal blau«. Ich aß dieses Gericht zum ersten Mal in meinem Leben und nie mehr hat es mir so gut geschmeckt. Am Himmel war der Mond aufgegangen und weiße Nebelschwaden legten sich auf das stille, flache Land.

Am nächsten Morgen gingen wir über den tauigen Golfplatz bei strahlender Sonne und mit strahlender Laune, fern vom Alltäglichen, von manch einer häuslichen Last.

Das Theater hatte für Heinzens Aufenthalt in Hamburg eine kleine Wohnung in einem Villenvorort angemietet, da landeten wir erst einmal. Die Vermieter wunderten sich, weil er nicht allein kam. Mir war die Situation etwas unangenehm. Es waren noch andere Zeiten damals!

Gleich am nächsten Morgen musste Heinz zur Probe ins Theater. Ich stellte mich auf den Balkon, um ihm nachzuwinken, da hörte ich ein Klicken. Es kam aus den Zweigen

Die »Sunny Boys« und ein glückliches Finale auf Sylt

einer großen Kastanie gegenüber. Ein Teleobjektiv war auf mich gerichtet. Also war man uns schon auf der Spur. Ein Reporter war auf den Baum geklettert.

Es kam eins zum anderen, und schließlich schauten wir uns nach einer neuen Bleibe um. Es fand sich ein Traum – am steilen Elbufer in Blankenese, ganz versteckt in einem verwilderten Garten. Eine schlanke, sympathische Dame empfing uns mit sichtlicher Freude. Sie wurde uns eine liebe Freundin. Die Wohnung lag im Souterrain des Hauses, war sehr einfach, eine Kellerwohnung eben, aber mit viel Charme. Die großen Elbkähne fuhren praktisch durchs Schlafzimmer, und wenn sie uns mit lang gezogenem Hupen weckten, konnte man sicher sein, dass dichter Nebel über dem Fluss lag. Zu Fuß erreichte man die einschlägigen Geschäfte, darunter einen sehr guten Delikatessenladen, der auch ins Haus lieferte.

Fast täglich – mit wenigen Ausnahmen – musste Heinz schon nachmittags ins Theater. Die Vorstellungen waren in Hamburg, mehr noch als in München, ein Riesenerfolg. An den Vorverkaufstagen bildete sich eine Menschenschlange rings um den Häuserblock. Trotzdem war der alte, erfahrene Schauspieler jedes Mal angespannt und nervös. Er litt immer noch sehr unter Lampenfieber und behauptete, sonst wäre er nicht gut. An manchen Tagen war es so schlimm, dass ich froh war, wenn er endlich abfuhr.

Ich blieb zu Hause, wartete und kochte ein gutes, leichtes Abendessen. Vor den Vorstellungen aß er kaum etwas, aber wenn er dann spätabends zurückkam, hatte er Hunger. Wir saßen dann lange zusammen bis tief in

Die »Sunny Boys« und ein glückliches Finale auf Sylt

die Nacht. Meistens wurde es ja Mitternacht, bis ich seinen Wagen vorfahren hörte. Kam er etwas früher, war es kein guter Abend gewesen – kurzer Applaus. Das war selten.

Eines Tages erreichte mich ein Anruf. Heinz war im Theater. Eine angenehme, leise Stimme ertönte. Sofort fiel mir der ungarische Akzent auf. Das war kein neugieriger Reporter, der unsere Telefonnummer herausgekriegt hatte, das war eine Stimme, der man zuhörte, gern zuhörte – und das ist bis zum heutigen Tag so geblieben. Es handelte sich um einen unserer namhaftesten Filmproduzenten. Den *Hauptmann von Köpenick* hatte seine Firma produziert und noch einige Heinz-Rühmann-Filme mehr in den zurückliegenden Jahren. – Und mit Gyula Trebitsch gab es für den Schauspieler Rühmann noch eine Zukunft für die nächsten Jahre. Er und dann auch seine Tochter Katharina, die erfolgreich das Werk ihres Vaters fortsetzt, betrauten meinen Mann mit interessanten und anspruchsvollen Aufgaben sowohl für den Film als auch für das Fernsehen. Sie hoben ihn hinüber über die Tristesse des Alterns. Eine enge, herzliche Freundschaft mit der ganzen Familie Trebitsch entwickelte sich über das Geschäftliche hinaus, die auch nach Heinzens Tod Bestand hat.

Irgendwann gab es ein paar spielfreie Tage. Es war noch schönes Herbstwetter, und so kutschierte Heinz mich auf die Insel Sylt. Ans Meer zieht es mich immer, ich war sehr glücklich, endlich wieder die Seeluft einatmen zu können und barfuß durch den feinen Sand zu laufen. Im Übermut

39

Die »Sunny Boys« und ein glückliches Finale auf Sylt

14 Junges Glück mit Familienzuwachs

dieses Glücksgefühls, das auch Heinz erfasst hatte, beschlossen wir, uns an den nächsten spielfreien Tagen hier auf der Insel trauen zu lassen. Aber: Gab es überhaupt ein Standesamt, einen Standesbeamten? Im Telefonbuch fanden wir eine Nummer. Wie sich herausstellte, war es der Anschluss einer Privatwohnung und die Gattin am Apparat.

»Hier spricht Heinz Rühmann, ich möchte heiraten.«

Am anderen Ende Gelächter und – klick – eingehängt.

Bekanntlich lässt Heinz nicht locker, wenn er etwas wirklich will. So rief er erneut an und klärte die Dame über den Sachverhalt auf.

Als sie keine Zweifel mehr haben konnte, war es ihr schrecklich peinlich. Sie tat, was alle Frauen in solchen Fällen tun würden: »Ich verbinde Sie mit meinem Mann.«

So kam das zu Stande, was ich eingangs schon geschildert habe – die heimliche Hochzeit auf Sylt.

In Hamburg wurden die Kollegen im Theater eingeweiht. Sie waren ein bisschen traurig, hätten so gerne Anteil genommen. An die Öffentlichkeit drang aber nichts.

Die »Sunny Boys« und ein glückliches Finale auf Sylt

baut. Es war sein altes Grundstück, es war sein wieder errichtetes Haus, vor dem wir standen, nachdem er meiner Bitte nachgegeben hatte.

Auch ich erkannte dieses Anwesen. Meine kleinen Kinder aus erster Ehe waren dort in den Fünfzigerjahren oft zu Besuch gewesen, spielten im Garten und am See. Die neue Besitzerin war eine Freundin meiner damaligen Schwiegermutter, die in Berlin-Dahlem zu Hause war und des Öfteren ihre Enkel aus München zu sich einlud. Nun wurde es wieder zum Verkauf angeboten. Sehr gern wäre ich gleich dort geblieben! Aber in Potsdam, fünf Kilometer weiter, saßen damals die Russen, das Schicksal Berlins, der geteilten Stadt, war ungewiss, und sowohl mein Mann als auch ich lebten nun schon lange in München, hatten da Wurzeln geschlagen. Trotzdem beherrschte mich der Wunsch nach einem ganz neuen Leben in einer neuen Umgebung mit dem geliebten Menschen. Daraus wurde erst einmal nichts.

An einem kalten, trüben Dezembertag kamen wir frühmorgens mit dem Nachtzug aus Hamburg in München an.

Die »Sunny Boys« und ein glückliches Finale auf Sylt

Heinzens Haushälterin holte uns am Bahnsteig ab. Ich war schwer erkältet. Er fuhr in sein Haus nach Grünwald, ich wurde, notgedrungen, in meiner Schwabinger Wohnung am Englischen Garten abgesetzt – vor Monaten hatte mein Verlobter mich dort abgeholt, für die Fahrt nach Hamburg. Um alles Ungeordnete, Liegengebliebene in die Reihe zu bringen, meinen Umzug nach Grünwald Anfang des kommenden Jahres vorzubereiten, musste das so sein. Erst einmal war jedoch meine Erkältung auszukurieren, die, verschleppt, sich als sehr hartnäckig erwies.

Weihnachten stand unmittelbar vor der Tür. Infolge meiner Erkrankung fehlte mir die Kraft, dieses ganz besondere Weihnachtsfest für alle Beteiligten gerecht zu gestalten. Für seine Familie, für die meine, für uns beide war die Situation neu und problematisch, ja sogar schmerzlich.

Am Nachmittag des Heiligen Abends fuhr ich nach Grünwald. Im Wohnzimmer stand ein kleines Bäumchen. Daneben eine Schüssel mit Kartoffelsalat und die Würstchen zum Warmmachen. Die Haushälterin hatte sich auf ihr Zimmer zurückgezogen, nachdem diese Vorbereitungen erledigt waren. Für sie war die Situation unwillkommen, hatte sie doch den Posten bei dem allein stehenden älteren Herrn unter anderen Voraussetzungen angetreten. Nun hatte man ihr eine Frau des Hauses vor die Nase gesetzt. Schrecklich, wenn man sich in sie hineinversetzt!

An solch einem Abend, der zu den schönsten Stunden des Jahres gehören könnte, empfindet man alles doppelt:

16 *... zumal mein kürzlich Angetrauter sich auf seinen Langlaufskiern nicht so wohl zu fühlen schien wie auf dem Gletscherflieger hoch über den Alpen ...*

17 ... *und abends im Hotelstüberl.*

Leid und Freude, Hoffnung und Trauer. Wir mussten da durch, wir beide auf unserem Bänkchen vor dem Kamin. Zum Glück hat es später schönere Weihnachtsfeste für Heinz und mich gegeben als dieses. Sie wurden festlicher, aber sie blieben still.

Anfang Januar 1975: Ein Möbelwagen vor dem Grünwalder Haus, und die Arbeiter begannen Stück für Stück abzuladen. Es war immerhin ein kompletter Hausstand. Ich hatte das Gefühl, Heinz erschrak ein wenig. In seiner Vorstellung erwartete er mich mit einem kleinen Köfferchen, mit weniger Unruhe und Aufwand.

Die »Sunny Boys« und ein glückliches Finale auf Sylt

Die Unruhe legte sich bald, alles fand seinen Platz, und nach kurzer Zeit unterschied er die hinzugekommenen Gegenstände nicht mehr von seinen eigenen, immer schon da Gewesenen.

Die ersten sieben Jahre unserer Ehe verbrachten wir also in diesem Haus meines Mannes. Es war sein Leben, das nahtlos weiterging. Für mich war es ein vollständig neues. Auch als Hausfrau musste ich alles und jedes so akzeptieren, wie es lag und stand. Nicht, dass dies mir schwer fiel, aber gefordert war ich sehr. Ich war zu Gast in diesem Leben. Lange Zeit. Ich beklagte mich nicht und lehnte mich nicht dagegen auf, ich versuchte mit aller Kraft meine Rolle zu meistern in dem neuen, von außen gesehen sehr beneidenswerten Leben.

Heinz und ich hatten einige gemeinsame Bekannte. Von seiner als auch von meiner Seite kamen welche dazu, und einige davon wurden unsere gemeinsamen Freunde. Besonders dankbar bin ich dafür, wie herzlich sein Bruder mit Frau und deren Tochter mich als neues Familienmitglied aufnahmen. Das vergesse ich ihnen nie.

18 Der Lehrmeister, Kunstflieger Ernst Udet, und sein Schüler Heinz Rühmann 1935

Die »Sunny Boys« und ein glückliches Finale auf Sylt

19 Mit Dackel Struppi 1933

Im Arbeitszimmer meines Mannes stand eine Büste im Regal. Man hätte denken können, das sei er, nur etwas verfremdet, aber ähnlich. Es war der Kopf von Ernst Udet, seinem langjährigen Fliegerfreund. Auf einem Faschingsball im Regina-Hotel in München lernten sich die beiden kennen. Es war wohl Sympathie auf beiden Seiten, denn schon für den nächsten Tag gab es eine Verabredung auf dem Flugplatz Oberwiesenfeld, trotz Kater.

Ernst Udet war zwischen den beiden Weltkriegen ein sehr bekannter und absolut waghalsiger Kunstflieger. Damals gab es noch Flugtage für fliegerische Demonstrationen. Es waren sehr kleine, zierliche Maschinen, die es Udet ermöglichten, unter einer der Isarbrücken hindurchzufliegen.

Augenzeugen berichten, dass er in voller Fahrt tief am Boden entlang flog und dabei ein dort liegendes Taschentuch aufhob. Gleich am ersten Tag soll er zu Heinz, der damals noch nicht lange flog, gesagt haben: »Wenn Sie so weiterfliegen, fallen Sie bestimmt herunter.«

Die »Sunny Boys« und ein glückliches Finale auf Sylt

20 Wiedersehen mit Fliegerkameradin Elly Beinhorn

Es ist anzunehmen, dass er ihm einiges beigebracht hat, aber gewiss nicht seine Kunststücke, denn Heinz fiel nicht herunter.

Wir feierten 1980 sein fünfzigjähriges Flieger-Jubiläum in Grünwald. Der Präsident des Sportfliegerverbandes, Graf Hardenberg, war mit seiner Frau gekommen, Georg Bauer, sein treuer »Ko« mit seiner Frau Helga und vor allem Elly Beinhorn, eine der ersten Sportfliegerinnen. Sie ist in der Pionierzeit der Fliegerei in einer offenen Maschine bis nach Australien geflogen, sie hat die Anden überquert und den Himalaja. Sie ist – immer noch – eine große, bewundernswerte Persönlichkeit. Ich bin stolz, sie kennen gelernt zu haben. Ihre Autobiografie

Die »Sunny Boys« und ein glückliches Finale auf Sylt

mit dem Titel *Alleinflug* ist eines meiner absoluten Lieblingsbücher. Natürlich steht eine Widmung von ihr für Heinz und mich auf einer der ersten Seiten. Es war ihr Geschenk an uns zu Weihnachten 1977. Für mich ein kostbarer Schatz.

Im Jahr 1979 war der Heilige Abend ein sehr trauriger. Am Morgen des 24. Dezember war mein Schwager, der Mann meiner Schwester, relativ jung an einer bösen Krankheit gestorben. Heinz mochte meine Schwester, sie hatte einen Platz in seinem Herzen erobert. Wir holten sie zu uns und gaben ihr Trost und Geborgenheit unter unserem Christbaum. In allen kommenden Jahren feierten wir Weihnachten mit ihr. Das ist so geblieben.

Sie wurde uns eine große Hilfe, erledigte für Heinz die Autogrammpost. Das sagt sich so dahin – das war Knochenarbeit. Besonders an seinen runden Geburtstagen, aber auch Jahr für Jahr riss die Flut der Briefe und Autogrammbitten nicht ab. Unmittelbar nach der Wende wurden wir mit Post aus Ostdeutschland überschüttet. Herzbewegende Briefe erreichten uns damals. Man hatte den Eindruck, als hätten sich die Menschen vorher nicht einmal getraut, Briefe in den Westen zu schicken, geschweige denn Post von uns zu empfangen. Wir alle taten unser Möglichstes, alle Bitten zu erfüllen. Viele mussten wir dennoch enttäuschen.

Heinz Rühmann hat jedes Autogramm, das hinausging, handschriftlich unterzeichnet, oft mit einer Widmung versehen – und dies bis kurz vor seinem Tode. Wenn er ermüdete, ihm die Lust verging, bettelte meine Schwester

50

Die »Sunny Boys« und ein glückliches Finale auf Sylt

so lange, bis er sein Soll erfüllte. Da sie berufstätig war, konnte sie dieses Ehrenamt auch nur an den Wochenenden und an Feiertagen ausüben. Natürlich dankten wir es ihr, so gut es ging.

Aus irgendeiner Laune heraus hatte sie mit ihrem Schwager vereinbart, alle Schreiben an Unbekannte mit einem Pseudonym zu unterzeichnen. In Antwortschreiben wurde sie auch so angesprochen. Bei einer Gedenkveranstaltung für meinen Mann, acht Jahre nach seinem Tode, begrüßte sie ein fremder Herr mit diesem Namen. Er hatte seinerzeit offenbar eine Korrespondenz mit ihr. Das gab Anlass zu großer Heiterkeit und wehmütiger Erinnerung, denn sie hängt an dieser Aufgabe von damals.

»Die schöne Arbeit« nannte das mein kleiner Enkel, der ihr manchmal helfen durfte, Marken auf die Briefumschläge zu kleben. Eine voll funktionierende Oma konnte ich meinem Enkel nicht sein, dazu nahm mich meine junge Ehe zu sehr in Anspruch – mit den Verpflichtungen, die meine Verbindung mit dem beruflich noch sehr aktiven Mann so mit sich brachten.

Heinz stand auch meiner Familie aufgeschlossen und wohlwollend gegenüber. Dafür war ich dankbar, durfte ihn aber nicht überfordern. Er war grundsätzlich kein sehr geselliger Mensch. Lebhafte kleine Kinder ertrug er im Verhältnis besser als manche Erwachsene. Trotzdem. *Seine* Enkel sahen wir auch nicht sehr oft.

Ein Freund geht

Die *Sunny Boys* standen für Anfang 1975 wieder auf dem Spielplan der Münchner Kammerspiele. Daraus wurde erst einmal nichts, weil Paul Verhoeven, Heinzens Partner, erkrankte.

Es hatte sich während dieser Partnerschaft eine recht enge Beziehung zwischen den beiden sehr gegensätzlichen Menschen und Schauspielern entwickelt. Mich beglückte das, ich verehrte in dem Kollegen meines Mannes eine starke Persönlichkeit. An einem Abend auf Sylt war er unser Gast. Die beiden alten Theaterhasen kamen in ein Gespräch, das Theatergeschichte war. Wenn ich nur ein Tonband dabei gehabt hätte! Aber wahrscheinlich wäre dann dieses Gespräch anders verlaufen.

Paul Verhoeven war der Vater von Michael Verhoeven und der Schwiegervater von Senta Berger. Dies zur Information für meine jüngeren Leser, so weit es sie überhaupt gibt!

Eine große, bedeutende Schauspielerin, Therese Giehse, war am 3. März 1975 gestorben. Wenn man sich an sie erinnert, fällt einem unbedingt ihre Rolle als Mutter Courage von Bert Brecht ein oder Dürrenmatts Fräulein Doktor Mathilde von Zahnd in dem Stück *Die Physiker.*

Als überzeugte Sozialistin wurde sie auch in der DDR sehr verehrt. Deshalb erwartete man einen Vertreter von

Ein Freund geht

drüben zu der Gedenkfeier am 22. März um 11 Uhr in den Kammerspielen, zu deren Ensemble sie gehört hatte. Paul Verhoeven war für die Laudatio ausersehen. Wir holten ihn hinter der Bühne in seiner Garderobe ab.

Er wirkte nervös und angespannt, als er das Podium betrat. Vor ihm hatte der Herr aus der DDR seine Ansprache gehalten. Am Nachmittag sollte zwischen ihm und Heinz eine Verständigungsprobe stattfinden, weil die *Sunny Boys* nun wieder gespielt werden sollten. Es kam nicht dazu. Paul starb während seiner Gedenkrede auf der Bühne: Er machte eine Pause, man blickte in seine großen blauen Augen, die ins Publikum gerichtet waren, dann fiel sein Kopf auf das Pult, hinter dem er gestanden hatte. Sein Sohn, der Arzt Dr. Michael Verhoeven, sprang auf die Bühne, um seinem Vater zu helfen. Vergeblich. Der Vorhang senkte sich.

Alle Zuschauer verharrten wie erstarrt. Nach einer langen Weile trat Hans-Reinhard Müller, der Intendant, vor den Vorhang. »Es ist aus«, sagte er nur.

Ich weiß nicht, wie wir damals aus dem Theater auf die Straße kamen.

Auch für Heinz war es mit dem Theaterspielen aus. Er lehnte es ab, die *Sunny Boys* mit einem anderen Partner fortzusetzen. Auch mit anderen Rollen, die ihm angeboten wurden, klappte es nicht.

Frosch und Hund

Aber der Thespiskarren rollte weiter mit dem Mimen, »der seine Kindheit heimlich in die Tasche gesteckt und sich damit auf und davon gemacht hat, um bis an sein Lebensende weiterzuspielen« (Max Reinhardt). Er landete auf einer Opernbühne. Heinz Rühmann sang dort nicht, geigte nicht, blies auch keine Trompete. Er spielte eine Rolle in der Johann-Strauß-Operette *Die Fledermaus*: den Frosch.

Um den 1. April 1975 herum traf ein Telegramm aus Wien ein. Vom Direktor der Wiener Staatsoper. Sein Wunsch wäre, die Sprechrolle des Gefängnisaufsehers Frosch mit Heinz Rühmann zu besetzen.

»Das kann sich nur um einen Aprilscherz handeln«, meinte der Adressat, als er das Telegramm gelesen hatte und es beinahe zerreißen wollte. Aber: eigentlich wäre das doch zu schön, um wahr zu sein! So wurde nach Wien telefoniert. Rudolf Gamsjäger – so hieß der damalige Direktor – reiste an.

Heinz meldete Bedenken an: »Ein Deutscher soll an der Wiener Oper den Frosch spielen, die Domäne so vieler namhafter österreichischen Schauspieler, so lange man denken kann! Wie soll das gehen?«

Der Einwand war nicht von der Hand zu weisen. Aber der rettende Einfall kam: als Gastarbeiter!

Frosch und Hund

Als solcher trat Heinz am 31. Dezember 1975 auf die Wiener Opernbühne. Das Haus »brach zusammen«, wie Herr Gamsjäger prophezeit hatte.

Der Applaus hörte schier nicht auf. Ich habe ihn heute noch in den Ohren.

Frosch und Hund

Eine Reihe unserer Münchner Freunde war angereist, und die Silvesternacht wurde lang, so lang, dass wir das Neujahrskonzert versäumten. Dafür standen wir früh genug auf für den Ausflug ins Burgenland. Ein unvergessliches Erlebnis! Die schon ganz östliche Landschaft mit den alten, rustikalen Gasthöfen, wo uns ein köstlicher Wein kredenzt wurde, ein Landeshauptmann, der damit auf unser Wohl anstieß ... welch ein Einstieg ins neue Jahr!

Herrn Gamsjägers Idee mit dem Frosch kam übrigens nicht von ungefähr. Heinz hatte mit dieser Figur im Jahr davor in einer Hermann-Prey-ZDF-Show mitgewirkt und sogar mit dem hochverehrten, wunderbaren Sänger zusammen ein Liedchen geträllert, worauf er sehr stolz war.

Die *Fledermaus* wurde nicht nur in Wien des Öfteren, sondern auch an anderen Opernhäusern mit Heinz Rühmann als Frosch gegeben. Einmal gab es eine Panne. Liebe Freunde wollten sich bei einer dieser Aufführungen das Spektakel in

21 »*Die Fledermaus*« von Johann Strauß: »Frosch« Rühmann im Duett mit Hermann Prey, ZDF 1975

Frosch und Hund

Wien ansehen. Sie schlugen vor, mit ihnen zusammen von München im Auto dorthin zu fahren. Ganz früh fuhren wir ab, um rechtzeitig in Wien anzukommen und den Tag dort bis zum Abend zu genießen.

Wir kamen rechtzeitig an, voller Freude betraten wir die Halle des Hotels Imperial. Händeringend kam uns die Hausdame entgegen: »Hat Sie die Nachricht nicht erreicht? Die Vorstellung heute Abend fällt aus – Carlos Kleiber ist erkrankt.« Der lange, lange Weg, die Vorfreude, alles umsonst.

Man hätte ja aus diesem Tag noch etwas machen können – die Zimmer im Hotel für die kommende Nacht waren reserviert. Nein, nach einer kurzen Verschnaufpause bestiegen wir wieder das Auto und unser Freund fuhr uns zurück nach München. Zu groß war die Enttäuschung. Es ergab sich auch leider keine Wiederholung.

Allerdings war es nicht das letzte Mal, dass Heinz Rühmann auf einer Opernbühne stand, aber darüber später.

Ein Ungar veränderte unser häusliches, privates Leben. Es war Arpad, der ungarische Hirtenhund. Sechzehn Jahre, bis zu seinem Tod, war er bei uns. Er wurde unsere große Liebe und wir die seine – mit allen dazu gehörenden Attributen: mit Glück und Verdruss, mit Freude und

Frosch und Hund

22/23 »Wo es bellt, ist vorne«: Arpad (linke Seite). – Herr und Hund

Kummer, mit Sehnsucht und Sorgen. Mein Mann widmete ihm ein Kapitel in seiner Autobiografie *Das war's*.

Es sagt in liebenswerter Weise viel aus über den Herrn und über den Hund. »Wer einmal einen dieser Ungarn besessen hat, wird keinen anderen Hund mehr haben wollen«, steht da.

Vorsicht! Pflegeleicht ist diese Rasse nicht! Gerade bei den ganz reinrassigen, starken Rüden verfilzt das Fell zu Platten, bildet lange Schnüre, die bis zur Erde herunterhängen und das Gesicht zudecken. »Wo es bellt, ist vorne«, sagte ich oft zu den Leuten. Diese Tiere sind echte, praktizierende Hütehunde, die bei ihrer Herde leben, also mehr oder weniger im Freien. Dazu sind sie gut gerüstet.

Frosch und Hund

24 Sylt: *»Bloß keine nassen Pfoten!«*

In einem städtischen Haus mit Polstermöbeln und Teppichen sieht die Sache schon anders aus.

Anweisungen hat unser Arpad nur befolgt, wenn sie ihm logisch und zweckmäßig erschienen, sonst nicht. Er war ja in seinem Verständnis das Leittier und wir – mein Mann und ich – sein Rudel. Jeder, der etwas von Hundeerziehung versteht, wird jetzt die Hände ringen. Aber wir haben ihm seinen Willen nicht gebrochen, wir respektierten seinen Charakter, seine Persönlichkeit und wurden dafür reich belohnt durch Liebe, Hingabe und seinen Verstand.

Auf einer längeren Autofahrt saß ich mit ihm auf dem Rücksitz. Er links, ich rechts. Ich hatte eine Schere einge-

Frosch und Hund

steckt und begann, verfilzte Büschel aus dem Haarwald herauszuschneiden. Er hielt still, verweigerte aber die andere, mir abgewandte Seite.

»Was macht ihr da eigentlich?«, ließ mein Mann sich vorne vom Autosteuer vernehmen, denn es war wohl auffallend still im Fond des Wagens, unterbrochen von Geräuschen, die eine gewisse Mühsal ausdrückten.

Was wir da gemacht hatten, erwies sich beim Aussteigen: ein halber Hund! Man durfte nicht einmal lachen, denn das hätte Arpad sehr verletzt.

Als halber Hund lief er auch auf Sylt am Strand vor uns her, wenn der Sturm vom Meer blies. Peinlich vermied er das salzige Meerwasser. Wehe, eine vorwitzige Welle benetzte seine Pfoten! In der Puszta war keinem seiner Vorfahren so etwas passiert, also konnte man es nicht dulden.

Sonst fühlte er sich sehr wohl auf der Insel. Er hatte uns dort ganz für sich und lief schon freudig voraus, wenn wir angelangt waren nach langer Autofahrt. Während wir noch den Wagen ausräumten, saß er schon vor der richtigen Wohnung im Appartementhaus, wo es viele Türen gab.

Bei einem Spaziergang am Wattenmeer stellte er seine genetischen Anlagen unter Beweis. Wir erklommen einen Deich, unter uns erstreckte sich eine Marschwiese am Wasser entlang, auf der eine sehr große Schafherde weidete. Arpad hatte vorher mit Sicherheit nie ein Schaf gesehen. Es half kein Rufen, kein Schreien. Mit langen, gleichmäßigen Sprüngen war er unten und begann sofort, ohne jede Überlegung, die Schafe in eine Richtung zu treiben. Sie liefen alle vor ihm her, bis es nicht mehr weiterging –

das Land war zu Ende. Verängstigt rotteten sie sich zusammen.

Wir standen hilflos oben am Deich. Wie sollte das weitergehen? Der Schafhirte tauchte auf und schrie uns an, er würde »den Köter« erschießen. Bevor er diese schreckliche Drohung in die Tat umsetzen konnte, löste sich unten ein kleines Böcklein aus dem Pulk der verschreckten Herde und ging auf Arpad los. In dem Moment »zog Arpad Leine«, drehte sich um und lief den langen Weg zu uns zurück. Er war damals ein knappes Jahr alt.

Im Laufe der Zeit schloss er sich uns immer mehr an. Andere Hunde interessierten ihn wenig. Auch die mit größter Akribie ausgesuchten Bräute nicht. Eine besonders reizende Hundedame mit Namen »Wolle« luden wir in den einschlägigen Tagen zu uns ins Haus, als Logiergast sozusagen. Anstatt sich ihr zu widmen, trottete er zusammen mit seinem Herrn ins Schlafgemach und legte sich dort auf sein Schaffell neben dem Bett. Beide hatten eine ungestörte Nachtruhe.

Es geht wieder nach Sylt, einmal im Jahr. Viel zu wenig, finden wir, aber es ist ja so weit dahin. Wir fahren mit dem Autozug von München nach Hamburg. Zwei Tage vorher beginne ich mit dem Packen – meinen Mann amüsiert das, und Arpad beunruhigt das sehr. Er weicht nicht von meiner Seite und will immer wieder hören, dass er mit darf. Man stiehlt ihm Tage und Wochen seines kurzen Lebens, wenn man ihn zurücklässt. Das wissen wir und es bricht uns fast das Herz, wenn wir ihn nicht mitnehmen können. Nicht aufs Schiff, nicht nach New York oder Hongkong. In

Frosch und Hund

25/26 Wer bringt uns wohl zum Lachen? Ehepaar Rühmann mit Trudl Hardieck und Berthold Beitz im »Jägerwinkel«

Frosch und Hund

das fröhliche Sanatorium nach Bad Wiessee durften wir ihn auch nicht mitnehmen. Die Vorschriften!

Als wir das erste Mal dort anreisten, war er mit. Frohgemut führte ich ihn an der Leine durch die Empfangshalle auf den Concierge zu. Der erblasste. Man hatte sich doch recht sehr auf diese netten neuen Gäste gefreut. Und nun dies. Ich verstand erst gar nicht, worin das Problem lag. Mein Mann war inzwischen auch herangekommen, nachdem das Gepäck ausgeladen war.

Also keine Hunde. Zum Glück waren unsere Sachen nicht mehr im Auto, sondern schon auf dem Weg zu unserem Zimmer. Immerhin hatten wir Arpads wegen schon den Golfclub gewechselt.

Der Empfangschef persönlich führte uns drei wie kleine Missetäter, möglichst von niemandem gesehen, hinauf in unser Appartement. Wie geht das nun weiter mit Arpad?, fragten wir uns. Wieder nach Hause fahren? Ich hatte schon begonnen, die Koffer auszupacken und die Kleidungsstücke in die Schränke zu hängen. Endlich einmal ein Etablissement, wo genügend Kleiderbügel vorhanden waren. Es klopfte. Ein freundliches Stubenmädchen trat ein – mit einem Haufen Kleiderbügel im Arm.

»O danke, sehr aufmerksam von Ihnen, aber wir benötigen keine mehr.«

Trotzdem blieb sie noch und beschäftigte sich mit Arpad, der jung, wie er noch war, sich gerne von ihr streicheln ließ.

Der langen Rede kurzer Sinn: Sie nahm ihn mit auf ihr Zimmer und dort soll Arpad friedlich mit in ihrem Bett geschlafen haben. Das tat er auch die nächsten zwei Wochen.

Frosch und Hund

Er wusste uns in seiner Nähe und dass es tagsüber lange Spaziergänge mit Herrchen und Frauchen gab, von den Schnitzeln und Steaks, die auf manch einem Teller der Gäste übrig blieben, ganz zu schweigen.

So war das im »Jägerwinkel«. »Muttern«, wie sie liebe- und respektvoll von ihren Gästen genannt wurde, wusste immer Rat. Natürlich hatte sie das Mädchen geschickt, »das Viecherl« zu begutachten. Zu welcher List selbst Kleiderbügel herhalten müssen!

Schließlich, 1977, bekam Arpad eine Rolle beim Fernsehen. Ein Essay von Thomas Mann, *Herr und Hund*, wurde aufgezeichnet. Heinz Rühmann las den Text und war sehr zufrieden mit seinem Kollegen, was sonst nicht immer der Fall gewesen war. Natürlich hatte Arpad nicht die leiseste Ähnlichkeit mit dem geschilderten Thomas-Mannschen Vorstehhund Bauschan. Nur eine gemeinsame Unart hatten sie, nämlich das Verbellen und Scheuchen von jeglichem Federvieh. Arpad bereitete es großen Spaß, wenn Enten und Gänse schnatternd in den Fluten von See oder Fluss das Weite vor ihm suchten.

Leider muss ich zugeben, dass wir ihn im Interesse seiner Filmrolle kräftig darin unterstützten. Die Szene wurde jedenfalls gedreht, und natürlich blieb er diesem Vergnügen treu.

Noch nach Jahren, als wir unser Haus in Berg bezogen, war es seine erste Tat, hinter den Enten unserer Nachbarn herzujagen. Kein sehr gelungenes Entree! Zum Glück konnte dieser erste Eindruck bei den Nachbarn, so weit er Heinz und mich betraf, revidiert werden, unserem Hund gegenüber blieb eine gewisse Reserve bestehen.

Fernreisen

Am 15. Februar 1981, 0.45 Uhr, landeten wir in Acapulco. Der Flug war lang gewesen. Wir fühlten uns angestrengt, weil ich wenige Tage vor unserem Abflug in Südtirol eine liebe Freundin beerdigen musste und mein Mann gerade noch rechtzeitig aus Hamburg zurückgekommen war, wo er eine Besprechung mit der Trebitsch-Produktion gehabt hatte.

Man hatte uns geraten, zwei Klappstühle beziehungsweise Hocker mit ins Flugzeug zu nehmen, um die Beine hochlegen zu können. Unsere Plätze hatten wir hinter einem Notausgang im Jumbo reservieren lassen, damit für die Hocker genug Platz war.

Alles war gut vorbereitet, nur die Hocker hatten wir nicht. In ganz München gab es keine mehr. Ausverkauft. Man glaubt es nicht. Es gab eine Erklärung: Der Papstbesuch lag nicht lange zurück! Heinz hat trotzdem welche aufgetrieben. Er ruhte nicht in seiner bekannten Hartnäckigkeit, wenn es darum ging, Unmögliches möglich zu machen. Der Chef eines großen Sportgeschäftes stieg persönlich in den Keller, wo die neue Frühjahrsware lagerte. Er fand eine große Kiste mit Klappstühlen, noch fest verpackt, nicht ausgezeichnet. Welche Mühe, da zwei Stück herauszuklauben! Aber was tat man nicht alles, dem lieben, verehrten Herrn Rühmann einen Wunsch zu erfüllen.

Fernreisen

Dieser war es nicht anders gewöhnt. Ich staunte immer noch – kopfschüttelnd.

Einmal beobachtete ich aus unserem Hotelfenster in Hamburg, wie er querbeet und unbesorgt über eine viel befahrene Straße ging. Alle Autos hielten an, niemand zeigte den Vogel – im Gegenteil, man sah nur lachende Gesichter hinter dem Steuer. Ein anderes Mal erlebte ich, dass ein Taxifahrer kein Geld von ihm wollte. Die Ehre sei ihm genug, den Herrn Rühmann gefahren zu haben. Oder es erreichte uns Post aus einem Gefängnis. Der Briefschreiber war ein Autoknacker, den man nun endlich erwischt hatte. Wir erinnerten uns, vor zwei Jahren hatte man aus unserem geparkten Wagen eine Aktentasche entwendet mit Geld und diversen Papieren darin. Der Täter bat Heinz nun inständig um Verzeihung. Er zeigte Reue, aber – wie deutlich zu lesen war – nur für diesen ganz besonderen Fall. Es hätte ihm so Leid getan, ausgerechnet den von ihm »so bewunderten Schauspieler zu beklauen«.

Das Schiff, die MS Europa, lag in Acapulco im Hafen. Wir gingen am Nachmittag desselben Tages an Bord und bekamen die Kabine 33. Endlich daheim für vier ereignisreiche Wochen! Die Reederei hatte einige Künstler für diese Reise eingeladen, unter anderen auch die berühmte Sängerin Anneliese Rothenberger mit ihrem Mann. Es war eine Freude, mit diesen liebenswerten Menschen beisammen zu sein. Einige Male begeisterte Frau Rothenberger die Passagiere mit Gesangsabenden.

Heinz Rühmann hatte es bequemer, es wurden Filme vorgeführt, unter anderen *Der Kapitän* und passender-

27 »Na, komm schon, trau dich!« Mit Pinguin und Anneliese Rothenberger in Patagonien

weise *Das Haus in Montevideo*. Allerdings hielt er auch zwei Leseabende aus *Sternstunden der Menschheit* von Stefan Zweig, seinem Lieblingsautor. Es ging um die Entdeckung der Magellanstraße im Jahre 1520 durch den in spanischen Diensten stehenden Portugiesen Fernão de Magellan. Wir passierten auf unserer Schiffsreise diese Meeresstraße zwischen dem südamerikanischen Festland und Feuerland bei sehr rauer See, mit dem Blick auf gewaltige Gletscher, die ins Meer zu stürzen schienen. Den einen dieser Leseabende hat Heinz für die Besatzung des Schiffes gehalten, und mir schien, er bekam dafür die größere Resonanz.

Bei einer Landung an Patagoniens Küste verursachte ich ein Ärgernis. Ich freute mich während der ganzen Reise

Fernreisen

darauf, Pinguine in freier Wildbahn, zum Beispiel an ihrem Nistplatz, erleben zu können. Ich liebe diese putzigen Vögel. Das Ehepaar Rothenberger, mein Mann und ich bestiegen ein Taxi mit der entsprechenden Weisung an den Fahrer. Nach einer ganzen Weile fiel mir auf, dass die Richtung zu den Pinguinen nicht stimmen konnte. Es stellte sich auch wirklich heraus, dass der Fahrer – absichtlich oder durch Sprachschwierigkeiten verursacht – zu den Seelöwen fuhr. Es sei nicht mehr weit. Weit oder nah – *ich* wollte zu den Pinguinen.

Leider setzte ich diesen Willen durch. Es wurde eine endlose Fahrt auf schrecklichen Straßen. Meine Mitfahrer duldeten schweigend.

Ich war verzweifelt. Die Pinguine waren in der Mauser und nur vereinzelt da. Also konnte ich die Situation am Zielort auch nicht retten. Irgendwie tauchte ein Fotoreporter auf – in der Wildnis! Er machte ganz entzückende Aufnahmen von Frau Rothenberger und meinem Mann. Die habe ich noch. Dennoch ist mir diese Sache immer noch peinlich.

Der Höhepunkt der ganzen Reise rund um Südamerika war für Heinz und auch für mich – abgesehen von den Pinguinen – der Ausflug nach Nacea in Peru. Dafür wurden wir von einem zweimotorigen Flugzeug weit ins Land hinein geflogen. Es ging über die gewaltigen Gebirge der Kordilleren, deren Gipfel gefährlich nah an unsere Flughöhe reichten. Aber wir kamen an. Mitten in der Wüste mit den unerklärlichen, in den Sand geritzten Linien und Zeichen, die man eigentlich nur von der Höhe aus in Augenschein nehmen kann. Das taten wir auch.

Fernreisen

Heinz charterte ein kleines, einmotoriges Flugzeug und wir flogen kreuz und quer über das riesig sich hinstreckende Terrain. Affen, Adler und alle möglichen Gestalten und Figuren, ganz zu schweigen von den kilometerlangen, schnurgeraden Linien im Sand, konnten wir deutlich sehen. Ein paar Lamas begrüßten uns nach der Landung und Frau Dr. Reiche, eine schon ältere Dame, die seit dreißig Jahren das Geheimnis der alten Azteken zu ergründen versuchte und nach Möglichkeit die in den Boden geritzten Furchen vor Versandung bewahrte.

Wir hatten ein langes Gespräch mit ihr, aber auch sie konnte keine schlüssige Erklärung für diese Spuren im Sand geben. Erich von Däniken hat sich Gedanken darüber gemacht. Er glaubt, dass diesen alten südamerikanischen Kulturen Flugobjekte aus dem All bekannt waren, für die dieser Landeplatz geschaffen wurde. Wir vermögen ihm nicht zu widersprechen.

Es gab nicht viele Schiffspassagiere, die sich für den Ausflug nach Nacea interessierten. Die meisten hatten den Macchu Picchu gestürmt und einige, so Heinz Konsalik und seine Ehefrau, kamen sehr angeschlagen zurück – sie seien fast gestorben vor Höhenkrankheit.

Meinem Mann hatte sein Arzt in München dringend von dieser Tour abgeraten, die dann auch bei dichtem Nebel stattgefunden haben soll, während wir auf dem Schiff einen Vortrag mit hervorragenden Lichtbildern über diese Ausgrabungen der alten Inka-Siedlung in zirka 2500 Meter Höhe genießen konnten.

Schließlich kam das Schiff im Hafen von Montevideo an. Das war die Endstation. Bevor wir von Bord gingen, legte

Fernreisen

ein Mitreisender meinem Mann die Hand auf die Schulter und meinte in Anspielung auf den vor einigen Tagen gezeigten Film *Das Haus in Montevideo*: »Na, Herr Rühmann, Sie kennen ja hier alles schon von Ihren Filmaufnahmen her.«

Mein Mann war noch nie in Montevideo gewesen. Er bemühte sich auch gar nicht, dem freundlichen Herrn klarzumachen, dass alle Aufnahmen zu dem Film in Deutschland und im Atelier entstanden sind. Eine geglückte Täuschung des Publikums!

Sehr oft wird man gefragt, in welcher Stadt die Schule des Schülers Pfeiffer »mit drei f« in der *Feuerzangenbowle* gestanden hat. Sie war ein kleines Modell eines typischen Schulhauses und stand im Filmatelier, wo die Aufnahmen gemacht wurden.

Ich erfahre, dass heute viel öfter an Originalschauplätzen gefilmt wird als früher. Der Grund ist die Kalkulation. Aufbauten in Ateliers sind zu teuer geworden, und andererseits ist die Welt, verkehrstechnisch gesehen, zusammengerückt.

Von Montevideo flogen wir weiter nach Rio de Janeiro, wo wir bis zum Heimflug einige Stunden Aufenthalt haben sollten. In Rio gab es Ärger zwischen Heinz und mir. Ich hätte so gerne die paar Stunden genutzt, um wenigstens einen Blick auf den Zuckerhut zu werfen. Es war nichts zu machen, er hatte nun endgültig die Nase voll von der Reiserei, wollte nichts mehr sehen, nur heim.

So gut ich das nachfühlen konnte, mein Wunsch hatte tiefere Gründe. Einer meiner beiden Söhne hat viele Jahre

Fernreisen

in Brasilien gelebt und gearbeitet. Ich konnte es damals nicht einrichten, ihn zu besuchen und wollte nun wenigstens einen kleinen Eindruck, einen Hauch aus jener Welt mit nach Hause nehmen. Das konnte Heinz nicht wissen. – Wie viele Missverständnisse und Leid könnten vermieden werden, wenn die Menschen offener zueinander sein würden, sich ins Herz blicken ließen.

Ich resignierte und vertrieb mir die Zeit mit sinnlosen Einkäufen in den Touristenläden am Flughafen. Wunderschöne echte – oder wahrscheinlich falsche – Halbedelsteine in Form von Trauben, Eiern und Beeren liegen immer noch bei mir in Schubläden herum. *Mein* Rio, wo ich nie mehr hingekommen bin!

Die Freude meines Mannes am nächsten Tag, endlich wieder zu Hause zu sein und die überschwängliche Be-

28 *Begrüßung durch ein Lama in Peru*

Fernreisen

grüßung durch unseren Hund ließen mich den Zuckerhut vergessen.

Gemessen an der Freude, die unser Arpad an den Tag legte, wenn wir nach längerer, aber auch nach kurzer Abwesenheit heimkamen, musste er uns doch sehr vermissen, vielleicht sogar leiden, wenn wir nicht da waren. Mussten wir verreisen, wurde immer mit großem Aufwand dafür gesorgt, dass er gut betreut wurde. Eine Dame aus Aschaffenburg reiste an, die ihm all ihre Liebe gab. Und trotzdem, er war es gewöhnt, Tag für Tag sein Leben mit uns zu teilen. Morgens ging er erst an seinen Napf, wenn mein Mann sich an den Frühstückstisch setzte. Anschließend war der Morgenspaziergang mit Herrchen angesagt. Sehr oft fuhren wir mit ihm zum Golfspielen, in der schönen Jahreszeit mehrmals in der Woche. Aber nur an Wochentagen – am Wochenende konnten wir den Hund nicht mitnehmen, aus Rücksicht auf andere Spieler. Wir hatten seinetwegen den Club gewechselt. Auf unserem alten Golfplatz galt Hundeverbot. Arpad hat schnell gelernt, sich vorbildlich als unser Begleiter zu benehmen.

Das Gleichmaß unserer Tage wurde häufig unterbrochen durch die Arbeit meines Mannes. Er brauchte das, er war nicht zufrieden, wenn er nichts zu tun hatte – zumindest in gewissen Abständen. An jedem Abend, an dem wir zu Hause waren, gab es ein absolut geheiligtes Ritual: unsere Cocktailstunde Punkt 19 Uhr. Verspätete sich einer von uns ein wenig, kam Arpad angelaufen und schubste einen, bis man sich auf den Platz im Wohnzimmer begab, wo alles bereit stand – auch seine Leckerli.

Fernreisen

Ich rätselte lange, wieso Arpad zu jeder Jahreszeit wusste, wie spät es war, ob nun die Sonne schien oder der Mond. Ich denke, seine Uhr war sein Magen. Der hatte sich an die Hundekekse gewöhnt, die um diese Stunde angeboten wurden. So weit sein Zeitbegriff. Das Beisammensein mit uns war ihm darüber hinaus sehr wichtig. Uns bedeutete es den Höhepunkt des Tages. Oft hatten Heinz und ich uns so viel zu erzählen, dass wir die Zeit vergaßen und erst spät ans Abendessen dachten, was gewohnheitsgemäß sowieso nicht üppig ausfiel.

Ein bis zwei Jahre vor seinem achtzigsten Geburtstag begann mein Mann Erinnerungen aufzuschreiben. Hauptsächlich über seine Filme, sein Leben als Schauspieler. Das, was er tagsüber geschrieben hatte, las er mir abends vor und wir sprachen darüber. Dann wurde es eben eine sehr lange Cocktailstunde. In dem Alter meint man doch: Das war's. So der Titel des Buches. Zum Glück war's noch nicht alles.

Wie es häufig bei Schauspielern der Fall ist, hing Rühmanns Herz am Theater. Dennoch ist er früh – seit Anfang der Dreißigerjahre – zum Film gekommen und als Filmschauspieler populär geworden. Spät entschloss er sich, auch für das Fernsehen zu arbeiten. Stolz war er darauf, dass drei Generationen seines Publikums ihn liebten und verehrten. Besonders erfreuten ihn die ganz Jungen mit ihren Briefen, oft selbst gebastelten Geschenken und Autogrammbitten. Seine Filme durften auch sie anschauen, weil die frei waren von Gewalt und Grausamkeiten. Darauf legte er Wert bei der Auswahl.

Fernreisen

Heute, am 30. März dieses Jahres 2004, berichteten die Zeitungen vom Tode Sir Peter Ustinovs. Einen so originellen Künstler wird es auf der Welt nicht so bald wieder geben.

In einer Gyula-Trebitsch-Produktion spielten er und mein Mann in dem Fernsehspiel *Kein Abend wie jeder andere* als Partner zusammen. Menschlich kamen sie sich nicht näher. Der Humor trennte sie. Jawohl! So sehr sie einander achteten, sie hatten eine unterschiedliche Auffassung von Humor, diese zwei Komiker, die vom Lachen ihres Publikums lebten.

Ich glaube, es ist eine Sache der Kultur, der Sprache, der Herkunft, in der sich die Menschen unterscheiden, worüber sie lachen können. Könnte es sogar sein, dass das Lachen sie mehr trennt als das, worüber sie weinen? »Humor ist einfach eine komische Art, ernst zu sein.« Das hätte Ustinov gesagt, lese ich, und darin wären sich die beiden Herren einig gewesen.

Während unseres ersten Ehejahres klopfte ein Regisseur bei uns an. Es war Wolfgang Liebeneiner, der sich meldete. Der Regisseur und Schauspieler war ein Kollege von Heinz seit ihrer beider Anfängerzeit 1928 bis 1931 an den Münchner Kammerspielen. Zusammen waren sie manchmal auch in Nachmittagsvorstellungen für Kinder aufgetreten, um sich als junge Schauspieler ein Zubrot zu verdienen. Liebeneiner erzählte, er plane einen Film, der teilweise in Hongkong spiele und zum Teil auch dort gedreht werden müsse. Er bot Heinz die Rolle eines russischen Arztes an, der die Kunst der Akupunktur prakti-

Fernreisen

29 »*Kein Abend wie jeder andere*« *mit Peter Ustinov, ZDF 1976*

ziert. Die Handlung ranke sich um eine Liebesgeschichte mit den Akteuren Senta Berger, Harald Leipnitz, Christian Kohlund, Peter Pasetti und werde hauptsächlich in Deutschland aufgenommen.

Heinz zögerte. Schließlich siegten die Herausforderung dieser ungewöhnlichen Figur, die er darstellen sollte, die Vertrautheit mit dem Regisseur und natürlich auch der Drehort – in aller Bescheidenheit muss ich zugeben, auch ein wenig meine Überredungskunst. Ich war schon einmal in Hongkong gewesen und fand es schön, wenn Heinz diesen faszinierenden Ort auch kennen lernen würde. Außer-

Fernreisen

dem durfte ich ihn dorthin begleiten. Nur der anberaumte Termin machte mir Kummer: Meine Tochter erwartete gerade in dieser Zeit ihr zweites Kind. Sie war jedoch in guter Obhut durch ihren ganz persönlichen Onkel Doktor, ihren Ehemann, und unserer alten Teta, die schon eines meiner Babys liebevollst gewickelt hatte.

Die Entscheidung, meinen Mann zu begleiten oder zu Hause zu bleiben, war sowieso keine Frage. Er brauchte mich und darüber war ich froh.

So saßen wir denn am 24. November 1975 abends im Flugzeug nach Hongkong, wo wir am 25. November um 16.40 Uhr Ortszeit landeten. Während des Fluges hatte der Kapitän Heinz ins Cockpit gebeten. Das geschah häufig, denn es war bekannt, dass Heinz seit fünfzig Jahren einen Flugschein besaß und der Fliegerei sehr zugetan war. Man machte ihm damit eine große Freude, und ich glaube, die Piloten genossen es auch, ihn einmal bei sich zu Gast zu haben.

Kurz vor der Landung kam Heinz auf seinen Platz zurück. Es ist Vorschrift, dass sich während des Landemanövers kein Passagier in der Kanzel aufhalten darf. Und schon gar nicht bei der Landung in Hongkong! Selbst erfahrene Kapitäne müssen für diesen Anflug eine besondere Einweisung absolvieren, denn die Landebahn ragt ja ins Meer hinaus. Alles ging gut, und wir betraten trockenen Fußes die damals noch britische Kronkolonie.

Unsere Unterbringung war fürstlich. Man führte uns in eine riesige Suite im Peninsula-Hotel auf der Halbinsel Kowloon. Während ich auspackte, schaute Heinz durchs Fenster auf die von der Abendsonne in goldenes Licht ge-

30 Hongkong 1975: Zu fernen Ufern

tauchte Stadt auf der anderen Seite der Bucht mit ihren Hochhäusern und dem Peak. Plötzlich wandte er sich zu mir um: »Meinst du, dass man hier ein Grundstück kaufen könnte?«

Von unseren Verhältnissen ausgehend konnte man diese Frage mit Sicherheit verneinen, aber bestätigt fühlte ich mich in diesem Moment dafür, meinen Mann zu dieser Reise ermuntert zu haben. Ich freute mich auf eine chinesische Mahlzeit in einem der Restaurants des Hotels. Es war meine erste und letzte in Hongkong an diesem ersten Abend. Heinz traute der chinesischen Küche nicht – sie

Fernreisen

Fernreisen

könnte ihm nicht bekommen und somit seine Arbeit gefährden. So war er.

Im Souterrain des Hotels gab es ein schweizerisches Restaurant mit einer sehr netten Chefin, bei der wir nun Abend für Abend Geschnetzeltes, Kässpätzle und was es sonst noch an Köstlichkeiten in der Schweizer Küche gibt, aßen. Mal leistete uns Herr Kohlund Gesellschaft, ein anderes Mal Herr Liebeneiner. Meistens aßen wir allein. Es war ein reizendes Lokal, aber ich konnte mir vorstellen, dass die Herren unserer Crew aufregendere Möglichkeiten bevorzugten, die Abende in Hongkong zu verbringen. Heinz musste sich schonen, denn seine Arbeit war wirklich sehr anstrengend.

31/32 *Stärkung bei den Dreharbeiten zu »Das chinesische Wunder« in Hongong (linke Seite). – »Jetzt gibt sie dem Regisseur Wolfgang Liebeneiner auch noch was von meinen Pralinen ab!«*

Fernreisen

Dieser Arzt, den er darstellte, wurde von irgendwelchen Banden verfolgt und war auf der Flucht. Diese Flucht spielte sich auf Dschunken, auf unwegsamen Gebirgspfaden und in überfüllten Gassen der Hauptstadt Victoria ab. Und dann geschah es: Bei einer Schießerei im Film wurde Heinz verletzt. Als er an einer explodierenden Holzwand vorbeilaufen musste, flog ihm ein Splitter ins Gesicht, zum Glück nicht ins Auge, aber dicht darunter. Er musste ärztlich versorgt werden und wurde ins Hotel gebracht. Trotz des dicken Pflasters gingen für ihn am nächsten Tag die Dreharbeiten weiter. Der Kameramann sorgte dafür, dass die verbundene Gesichtshälfte nicht ins Bild kam.

Als wir Tage später nach Hause flogen und im Frankfurter Flughafen auf die Anschlussmaschine nach München warteten, saß unweit von uns ein Zeitung lesender Passagier. Immer wieder schaute er in sein Boulevardblatt und dann kopfschüttelnd auf meinen munteren Mann.

Wir konnten die Schlagzeile erkennen: »Heinz Rühmann bei Dreharbeiten in Hongkong schwer verletzt blutüberströmt zusammengebrochen«, stand da.

Dem kleinen Schreck folgte eine große Freude während der Zeit im Peninsula-Hotel. Telefonisch verkündete mein Schwiegersohn die glückliche Geburt des erwarteten Babys. Es war ein Junge und ist es noch: mein sehr geliebter Enkel Fabian. Eine solche Nachricht ist immer etwas Wundervolles, aber in so weiter Ferne, über Länder und Kontinente hinweg, war es doch etwas, das mich schier überwältigte.

Fernreisen

33 Auf dem Weg zu den Dreharbeiten für »Das chinesische Wunder« mit Christian Kohlund

Schon in München hatte Heinz ein paar Sätze chinesisch bei Herrn Hwang gelernt. Seine Partnerin im Film war eine kleine, zauberhafte junge Chinesin. Die lernten wir aber erst in Hongkong kennen. Mit ihr hatte mein Mann einige kurze Dialoge zu sprechen. Ich glaube, verstanden hat sie sein mühsam Erlerntes nicht. Das lag nicht an Herrn Hwang, auch nicht an Heinz. Schuld daran waren die unzähligen Dialekte der chinesischen Sprache. Herr Hwang in München stammte eben aus einer anderen Gegend des Riesenreiches.

Noch etwas musste der Schauspieler Rühmann lernen, nämlich wenigstens andeutungsweise die Akupunkturnadeln richtig zu setzen. Seine Rolle verlangte das. Gewis-

Fernreisen

senhaft wie er war, ließ er sich schon in München bei einem Fachmann in diese Kunst einweisen. Später im Film glaubte man, dass er sie beherrschte.

Noch heute ist es mir unverständlich, dass dieser interessante und liebenswerte Film mit lauter erstklassigen Darstellern nicht mehr Aufsehen erregte. Das Filmgeschäft ist eben unwägbar, ähnlich wie das Verlegen von Büchern. Oft überschneiden sich für mich die beiden Branchen in der Erinnerung, in der Erfahrung. In erster Ehe war ich ja mit einem Verleger verheiratet und lernte diesen Geschäftszweig nach dem Krieg mit allen Sorgen und auch Erfolgen aus den Neuanfängern heraus kennen.

Vergangenes und Gegenwärtiges

Bevor Paul Verhoeven starb, bereitete er zusammen mit seinem Sohn und Heinz ein Filmprojekt vor. Michael Verhoeven, promovierter Arzt, hatte sich mehr und mehr der Filmproduktion verschrieben. Durch die Familie, aus der er kam, und nach seiner Heirat mit der zauberhaften und begabten Schauspielerin Senta Berger lag das nahe. Als junger Mann, als Student, wirkte er schon in verschiedenen Filmen als Schauspieler mit, so zum Beispiel unter der Regie seines Vaters in dem Film *Der Jugendrichter* mit Heinz Rühmann in der Titelrolle. Das war 1960. Mehrere bekannte Schauspieler sah man da als ganz junge Burschen.

Nach Paul Verhoevens Tod gingen die Vorbereitungen zu dem Film, der schließlich unter dem Titel *Gefundenes Fressen* 1977 in die Kinos kam, trotzdem weiter. Heinz spielt da einen Stadtstreicher, Michael hatte die Regie und auch die Produktion für dieses Unternehmen. Es war wirklich eines, und es waren die ersten Filmaufnahmen mit meinem Mann, die ich ganz nah miterlebte.

In München gibt es eine Pilgersheimer Straße, und bezeichnenderweise steht dort wirklich ein Heim für Obdachlose. Michael Verhoeven übernachtete einmal anonym unter diesen armen Menschen. Er wollte in seinem Film ganz nah an der Wirklichkeit bleiben. Es gelang ihm,

Vergangenes und Gegenwärtiges

sich unerkannt als echter Obdachloser in dem Heim aufzuhalten, um das Milieu zu studieren. Natürlich hatte er sich entsprechend hergerichtet, was Kleidung und Aussehen anbetraf. Die schauspielerische Begabung war auch hilfreich. Im Asyl zu übernachten wird wohl eine gewisse Überwindung gekostet haben.

Auch der Darsteller des Münchner Stadtstreichers besuchte das Heim und seine Insassen ganz offiziell. In seinem Buch nennt er sie »meine Freunde«, denn er hat sie überzeugt, im Film ohne jede Häme einen der ihren dar-

34 *Letzte Besprechung vor dem Dreh zu dem Film »Gefundenes Fressen«, 1976, mit Regisseur Michael Verhoeven ...*

zustellen. Jeder dieser Menschen hat ein Schicksal, man weiß nur so wenig davon. Deshalb war es in meinen Augen ein sehr wichtiger Film und ein sehr gelungener. Großartige Schauspieler hatte Michael Verhoeven versammelt, so war Mario Adorf damals Heinzens Partner, um nur einen aus dem Team zu nennen. Ich war glücklich, endlich einmal mitzuerleben, wie solch ein Film entsteht und was alles dazugehört. Man kommt als Laie aus dem Staunen nicht heraus, welcher Aufwand nötig ist, um einen Film zu drehen.

35 ... und Morgentoilette an der Isar als Penner

Vergangenes und Gegenwärtiges

Während der Dreharbeiten stellte die Produktion meinem Mann, wie er es gewohnt war, einen Wohnwagen zur Verfügung. So hatte er seine feste Bleibe und zog mit diesem »Karren« eben zu den wechselnden Schauplätzen. Eines Tages war der Drehort eine belebte Schwabinger Straße. Nach einer Drehpause musste Heinz geweckt werden, so tief war er inmitten des Verkehrslärms um ihn herum eingeschlafen.

Für eine Szene am Flughafen trommelte ich einen Damen-Kegelclub zusammen für die Komparserie, die benötigt wurde. Die Damen kamen mit Begeisterung, waren aber dann etwas enttäuscht, wie klein die Beachtung war, die man ihnen zollte. So viel läuft nur nebenher bei solch einer Arbeit. Und dann bleibt womöglich der erwartete, erhoffte Erfolg aus, und Kritiker tun sich leicht, vom Schreibtisch aus das hart Erkämpfte zu verreißen.

Gefundenes Fressen wurde nicht verrissen. Dieser Film wurde sogar bei den Filmfestspielen in Moskau 1977 aufgeführt. Wir waren im Zusammenhang damit in die russische Metropole eingeladen. Für uns beide ein ganz besonderes Erlebnis. Es war ja noch die Zeit streng getrennter Welten, die Zeit des Eisernen Vorhangs.

Für mich hatte diese Reise vor allem emotionale Gründe. Das hatte mit meinem Heimatland zu tun. Es gehörte jahrhundertelang zum russischen Reich. Erst sechs Jahre vor meiner Geburt zerfiel das Zarenreich. Der letzte Zar, Nikolaj II., dankte 1917 ab. Er und seine ganze Familie wurden in Jekaterinburg, heute Sverdlowsk, umgebracht. Bei meinem Großvater hing das Porträt dieses Zaren und seiner

88

36 Mit Mario Adorf als Freund und Gönner in »Gefundenes Fressen«

Gemahlin in einem schönen Rahmen immer noch an der Wand, als ich ein kleines Mädchen war. Ich erinnere mich genau, wie fasziniert ich oft davor stand und das Bild betrachtete. Die Perlenkette der Zarin hatte es mir besonders angetan. – In meinem Elternhaus sprach man deutsch, aber wenn wir Kinder etwas nicht verstehen sollten, sprachen meine Eltern russisch miteinander. Die russische Sprache, Kultur und Geschichte waren im Baltikum natürlich ganz präsent, zumindest in der Generation meiner Eltern.

Eine meiner Tanten hatte nach Russland geheiratet. Sie lebte am Baikalsee. Man schickte Pakete dorthin, bis die Verbindung leider immer spärlicher wurde und dann ganz abbrach.

Am 18. November 1918 wurde Lettland als selbstständiger Staat proklamiert. Ich erinnere mich so genau an dieses Datum, weil wir als Schüler später jedes Jahr an einer

Vergangenes und Gegenwärtiges

Art Parade mitmachen mussten. Lettische, russische, jü-
dische und deutsche Kinder. Dieser junge Staat zelebrierte
sich gern, die Zeiten davor wurden möglichst ignoriert. So
verschwand zum Beispiel der Unterricht in der russischen
Sprache vom Lehrplan der Schulen. Es hatte Kämpfe in
den baltischen Ländern gegeben. So kämpfte zum Beispiel
die baltische Landeswehr gegen bolschewistische Einhei-
ten und erreichte, dass Estland, Lettland und Litauen damals nicht kommunistische Staaten wurden. Nur zwanzig
Jahre dauerte es, dann war es doch so weit. Im Jahre 1940
besetzten sowjetische Truppen auf Grund eines Abkom-
mens mit dem nationalsozialistischen Deutschland diese
Gebiete.

Die einstmaligen Freiheitskämpfer hatte man im Auge
behalten. So weit sie im Lande geblieben waren, wurden
sie und zahlreiche andere Einwohner, die nicht in das Re-
gime passten, exekutiert oder für viele Jahre nach Sibirien
verbannt. Viele starben dort und kehrten nie mehr zurück.
Auch sie gehörten schließlich zu den Opfern, die dieser
unselige Zweite Weltkrieg gefordert hat.

Nicht ohne Ressentiments im Gedenken an die Erleb-
nisse meiner Jugendzeit begab ich mich auf die Reise nach
Moskau mit meinem Mann, der dort als geehrter Gast
empfangen wurde.

Eine riesige Staatskarosse holte uns am Flughafen ab.
Wir wurden in ein Hotel gefahren, das wohl in erster Linie Gäste aus dem Ausland beherbergte. Es war im Karree
gebaut und ebenfalls von riesigen Ausmaßen.

In der Halle, einem schrecklich nüchternen Raum, saßen hinter einem Tresen drei Damen, die so ernst schau-

»*Rund um die Oper*« *und andere Ausflüge*

Unbemerkt trat er in unser Leben. Ich hatte die Türglocke nicht gehört, und Heinz kümmerte sich nicht darum, wenn er in seinem Arbeitszimmer am Schreibtisch saß. Das war auch gut so.

An einem Tag im März 1977 überraschte mich bei einem Gang durchs Haus ein fremder Mensch. Er saß auf der Bank vor dem Zimmer meines Mannes. Als er mich kommen sah, erhob er sich und kam meiner erstaunten Frage zuvor. Die Hausangestellte hätte ihm die Tür geöffnet und nun warte er darauf, von Herrn Rühmann empfangen zu werden. Er sei angemeldet, Klaus Schultz sein Name. Zufrieden ging ich weiter meiner Tätigkeit nach und war gar nicht beunruhigt durch den unerwarteten Besucher.

Beim Mittagessen erfuhr ich Näheres von Heinz. Herr Schultz war im Auftrag des Intendanten der Bayerischen Staatsoper, Professor August Everding, gekommen. Im Begriff, den Posten des Chefdramaturgen an der Münchner Oper zu übernehmen, brachte er sozusagen zum Einstand eine recht originelle Idee mit. Es handelte sich um eine Veranstaltung mit dem Titel *Rund um die Oper* im Rahmen einer Matinee. Damit sollte ein breiteres Publikum als das, welches sonst zu den Opernbesuchern zählte, angesprochen werden. Eine Vorstellung für Jung und Alt, die Einblicke in die Welt hinter den Kulissen gewährte und Ab-

läufe auf der Bühne mit allen Tricks und Finessen vor-
führte. Man hatte sich Heinz Rühmann als die geeignete
Persönlichkeit gedacht, das Publikum zusammen mit
Herrn Everding durch das Programm zu führen. Um mei-
nen Mann für diese Aufgabe zu gewinnen, war Herr
Schultz also in unser Haus gekommen.

Soviel erfuhr ich, aber keine Silbe darüber, was Heinz
von dem Angebot hielt. Er war von Natur aus kein Mensch
spontaner Entschlüsse, weder beruflich noch im privaten
Leben. Das war mir schon längst klar geworden, und das
wusste auch Herr Everding. Er kannte Heinz lange und gut
genug als Schauspieler und als Freund.

Aus einem fingierten Anlass lud er uns zum Mittagessen
in das Hotel Vier Jahreszeiten. Klaus Schultz war auch dabei und brachte das Gespräch bald auf die geplante Matinee. Heinz gab sich interessiert und aufgeschlossen. Ich
bemerkte, wie August Everding Klaus Schultz, grünes
Licht signalisierend, ermunternd zublinzelte. Beim Nach-
tisch gab Heinz seine Zusage. Die Vorbereitungen für die
Matinee konnten beginnen.

In zunehmend enger Zusammenarbeit zwischen Klaus
Schultz und Heinz wurde erst einmal das Buch entwickelt.
Ich freute mich für meinen Mann über diese neuerliche
Aufgabe, die ihm offensichtlich Freude bereitete. Selbst
konnte ich mir nicht viel darunter vorstellen und war
nicht die einzige. Eine ältere Dame fragte mich zum Beispiel, als die Rede darauf kam: »Wie oft wird man denn um
die Oper herumgehen?« Es handelte sich eben um etwas
noch nie an der Münchner Staatsoper Dagewesenes. Von
einer Matinee hatte ich nur die Impression einer etwas

»Rund um die Oper« und andere Ausflüge

langweiligen Veranstaltung am Sonntagmorgen vor spärlich besetzten Sitzreihen im Zuschauerraum.

Bei der Premiere am Sonntag, dem 27. November 1977, wurde ich gründlich eines Besseren belehrt. Anfänger und Fortgeschrittene, ganze Familien mit Kindern und Großeltern, füllten das riesige Nationaltheater bis auf den letzten Platz. Es summte und brummte voll gespannter Erwartung. Nach der Begrüßung durch den Staatsintendanten folgte der Auftritt von Heinz Rühmann, der sozusagen als Vertreter des ganzen Publikums die Welt der Oper vorgeführt bekommen sollte. Davor entschuldigte er sich aber, nicht pünktlich erschienen zu sein. Der Wächter des für die Belegschaft und die Künstler reservierten Park-

38 Probe zu »Rund um die Oper« 1977 mit Chefdramaturg Klaus Schultz auf der Bühne des Münchner Nationaltheaters

39 »Rund um die Oper«: August Everdings Donnermaschine

platzes hatte ihm die Zufahrt verweigert, da er seiner Meinung nach keine Berechtigung dazu hatte. Erst nach längeren Erklärungen sei dann der Groschen gefallen: »Ach so, Sie san der Rühmann von früher«, und der Schlagbaum schnellte hoch. Im Zuschauerraum brach Jubel aus und herzliches Gelächter. Das Eis war gebrochen, die gute Stimmung blieb bestehen.

Musikalische Proben und technische Einrichtungen wurden vorgeführt, das Personal der Bayerischen Staatsoper vom Kostümschneider bis zum Requisiteur, vom technischen Direktor bis zu Mitgliedern des Chores und des Balletts vorgestellt. Einen ganz besonderen Höhe-

»Rund um die Oper« und andere Ausflüge

punkt seiner Rolle bildete es für Heinz, im Staatsopern-
chor mitsingen zu dürfen. Er stand dabei in der ersten
Reihe und sang mit Hingabe und Inbrunst gemeinsam mit
den Sängern den Gefangenenchor aus *Nabucco* von Giu-
seppe Verdi.

Danach sprach der Chefdramaturg Klaus Schultz, der
das Konzept für diese so außergewöhnliche Show entwi-
ckelt hatte, über verschiedene Aspekte der Opernarbeit.
Den Abschluss bildete das Finale von Mozarts *Hochzeit des
Figaro* mit den Solisten, dem Orchester und der ganzen
Schar der sonst unsichtbaren Mitwirkenden.

RudO, die interne Abkürzung, war einer der Höhe-
punkte der so besonders erfolgreichen Intendanz August
Everdings. Und auch wir gingen seitdem sehr oft zu
Opernaufführungen – Heinz hatte richtig Feuer gefangen.
Es war eine Bereicherung auch seines Theaterspektrums
und er freute sich auf jede Vorstellung.

Einen der besonderen Höhepunkte meiner Zeit mit
Heinz erlebten wir an seinem achtzigsten Geburtstag am
7. März 1982. Der Tag fiel auf eine der insgesamt zehn Vorstellungen *Rund um die Oper* und wurde zu Ehren des Ge-
burtstagskindes festlich gestaltet. Die Tölzer Sängerkna-
ben in reizenden Rokokokostümen saßen singend in
einem blühenden Apfelbaum, das Staatsopernballett trat
auf, der damalige bayerische Kultusminister Hans Maier
brachte dem Jubilar ein Ständchen, August Everding hielt
eine Laudatio. Eine mit brennenden Kerzen bestückte Geburtstagstorte (aus Gips) schwebte vom Schnürboden
herab und – stürzte aus halber Höhe krachend auf die
Bühne, genau zwischen Heinz und Everding und haar-

»Rund um die Oper« und andere Ausflüge

40/41 »Rund um die Oper« am 7. März 1982: Kultusminister Hans Maier gratuliert Heinz zum 80. Geburtstag und bringt ihm ein Ständchen (oben), Staatsintendant Prof. August Everding schließt sich an. ...

»Rund um die Oper« und andere Ausflüge

42/43 ... Zu diesem Anlass durfte Heinz auf seinen besonderen Wunsch hin im Chor mitsingen (oben). – Fröhliches Gratulieren: Maria Nicklisch, August Everding, Irmi Reiser

»Rund um die Oper« und andere Ausflüge

44 *Sohn Peter Rühmann inspiziert Vaters Geburtstagstorte, ...*

scharf an einer Katastrophe vorbei. Das Publikum registrierte nur eine kleine Panne, einen Gag vielleicht, die Show ging weiter. Am Schluss wurde ein großer Waschkorb voller Glückwünsche auf die Bühne getragen. Das ist »Theaterpost«, tröstete ich mich, aber später zu Hause war der bis oben hin gefüllte Waschkorb echt. Rund dreitausend Briefe und Telegramme haben wir gezählt und bis weit in das Jahr 1982 hinein zu beantworten versucht.

In beruflicher, aber vor allem menschlicher Beziehung blieben wir mit Klaus Schultz eng verbunden. Zusammen mit August Everding verließ er im Jahr 1982 die Staatsoper. Voller Vehemenz widmete sich Everding mit ganzem Herzen und mit seiner ungestümen Art dem Wiederauf-

»Rund um die Oper« und andere Ausflüge

45 ... die Enkel Melanie und Peter gratulieren.

bau des Prinzregententheaters. Auf seine Einladung hin machte Heinz fünf TV-Spots, um für die notwendigen Spenden zu werben. Das Drehbuch hatte Klaus Schultz verfasst. Im Jahre 1984 verließ dieser gute Freund München und ging als Generalintendant nach Aachen, Jahre später in der gleichen Position nach Mannheim. Viele Male bot er Heinz die Möglichkeit, in seinen Theatern aufzutreten. Es war jedes Mal ein großes Vergnügen allerseits. Ein dankbares und treues Publikum erwartete ihn.

Diese Reisen nach Aachen mochte ich sehr. Wenn die Zeit es irgend erlaubte, besuchten wir den Aachener Dom, eine Kirche, in der die göttliche und weltliche Macht in eindrucksvollster Weise präsent sind. Da steht der Thron

»Rund um die Oper« und andere Ausflüge

Karls des Großen, der Stuhl eines Mächtigen in wundervoller Schlichtheit auf erhöhtem Platz inmitten eines gewaltigen Gotteshauses.

Ein heiterer Abend, den Vicco von Bülow alias Loriot und Heinz Rühmann gemeinsam in Aachen bestritten, taucht in meiner Erinnerung auf. Loriot las seinen Text zum *Karneval der Tiere* von Camille Saint-Saëns und Heinz das Märchen *Peter und der Wolf* mit der Musik von Sergej Prokofjew. Das war im Sommer 1986.

In Mannheim las Heinz 1993 zum letzten Mal für das Theaterpublikum. Ich saß dabei mit einer lieben Freundin in der ersten Reihe und erschrak sehr, als ich bemerkte, dass Heinz ohne Lesebrille das Podium betrat. Es ging erstaunlich gut, trotzdem rannte ich in der Pause zu ihm in die Garderobe. Ganz entspannt und vergnügt fand ich ihn dort vor.

»Du hattest deine Brille vergessen?«

»Nein, ich wollte nur ausprobieren, ob es auch ohne geht«, war die Antwort.

Am Vormittag des 25. Juli 1994 kam August Everding eigens zu uns nach Berg, um seinem getreuen Mitstreiter anzukündigen, dass der ersten Vorstellung im wieder errichteten Prinzregententheater nun nichts mehr im Wege stand. Ein großer Sieg nach harten Kämpfen. Die Freude, die Everding ihm damit ins Haus gebracht hat, war – ungewollt – ein Abschiedsgeschenk.

Es war nicht verabredet, aber am Nachmittag desselben Tages besuchte uns Klaus Schultz mit seiner jungen Frau. Auch dies wurde ein Abschied. Doch das wusste man nicht.

Weihnachtliche Lesungen in Hamburg
und ein Film in New York

Sehr verehrte, liebe Frau Rühmann, Sie haben mir ein wunderbares Grußwort in das Programmheft meiner Abschiedskonzerte geschrieben. Ich denke oft an den Zauber des Advent, den Ihr Mann in unserer Kirche verbreitete. Leider unwiederholbar. Ich danke Ihnen von Herzen für die jahrelange Verbundenheit und für Ihre Worte.«

Diese Zeilen erhielt ich im Januar 1998 von Professor Günter Jena nach seinem Ausscheiden als Kantor an der St.-Michaelis-Kirche zu Hamburg. Es muss im Jahr 1977 gewesen sein, als meinem Mann angetragen wurde, dort im Rahmen eines Adventkonzertes weihnachtliche Texte zu lesen.

Die Stadt Hamburg war uns schon durch zahlreiche Aufenthalte für die Gyula-Trebitsch-Filmproduktion nahegerückt, und diese völlig neue Betätigung reizte Heinzens Interesse. Es wurde für ihn fünfzehn Jahre lang eine geliebte Aufgabe zu Beginn der Adventszeit. Zuerst war es nur ein Abend, im Laufe der Zeit wurden es immer mehr – bis zu fünf Abende in einer jeweils mit zweitausend Menschen bis auf das letzte Plätzchen gefüllten Kirche. In Hamburg hieß es: »Wenn der Rühmann da war, beginnt für uns Weihnachten.«

Ein riesiger Christbaum mit Hunderten von Kerzen stand im Altarraum, daneben ein kleines Pult mit dem

Weihnachtliche Lesungen in Hamburg und ein Film in New York

Mikrofon und ein Stühlchen. Mir kamen unweigerlich die Tränen, wenn mein Mann, klein und von Jahr zu Jahr zarter und zerbrechlicher, aus der Tür zur Sakristei trat und behutsam zu seinem Platz am Pult geführt wurde. Hinter ihm hatte der Chor Aufstellung genommen, Herr Jena gab das Zeichen, und der Gesang setzte brausend und jubilierend ein.

Im Wechsel hörten wir herrliche Melodien und weihnachtliche Texte. Mein Mann las Erzählungen, Gedichte und oft auch die Weihnachtsgeschichte aus der Bibel. Ich saß mit Hamburger Freunden im Kirchengestühl und immer aufs Neue erlebten wir den Zauber dieser Stunde zusammen mit all den andächtig lauschenden Menschen.

Jedes Jahr im Herbst – und immer ein bisschen zu spät – begannen Heinz und ich sein Programm für die Lesung zusammenzustellen. Das war keine leichte Arbeit. Es sollte immer etwas anderes, etwas Neues sein. Jedoch mit der Zeit stellte sich heraus, dass das Publikum auf manche Erzählung, auf manches Gedicht gar nicht verzichten wollte, Lieblinge erkoren hatte. Dem beugten wir uns gern. Und mit Erfolg.

Für das Fernsehen hatte Heinz 1976 *Reineke Fuchs* von Johann Wolfgang von Goethe, illustriert mit Tierfiguren von Wilhelm von Kaulbach, gelesen. Als nächste Fernsehlesung folgte 1977 *Herr und Hund* von Thomas Mann, schließlich 1978 Wilhelm Buschs *Max und Moritz*, in Form von laufenden Bildern hinreißend präsentiert.

46 Am Lesepult in der St.-Michaelis-Kirche zu Hamburg

Weihnachtliche Lesungen in Hamburg und ein Film in New York

Weihnachtliche Lesungen in Hamburg und ein Film in New York

Über seine Lesungen in der Kirche schreibt er in seiner Autobiografie:

Wie anders sind dagegen die Lesungen vor einem Zuhörerkreis. Vor Beginn ist man vom Lampenfieber gepackt wie vor einer Premiere. Jedenfalls geht es mir so, wenn ich zur Adventszeit in der Sankt-Michaelis-Kirche in Hamburg lese. Da gibt es keine Bühne, kein Studio, keine Rampe, keine Trennung zwischen dem Publikum und mir, eben eine Kirche und eine wunderschöne dazu. Die Stimme fällt ohne Kontrolle in ein Nichts. Angst überkommt mich, ob ich die Menschen mit meinen Worten erreichen, ansprechen kann.

Nicht nur von ihm, auch von anderen Schauspielern erfuhr ich, dass eine Lesung vor Publikum eine besondere Herausforderung und wirklich nicht einfach ist. Vor seinem Auftritt in der riesigen Kirche mit ihren barocken Erkern und Balkonen prüfte er persönlich die Einstellung des Mikrofons. Ich musste wie ein Hase durch das Kirchenschiff springen, um festzustellen, wo es akustische Löcher gab. Es gab sie wirklich. Danach richtete sich dann die Einstellung der Lautstärke. Heinz gehörte zu der alten Garde der Schauspieler, die das deutliche Artikulieren gründlich erlernten. Mit seiner kleinen Stimme erreichte er den entferntesten Winkel im Theater, natürlich ohne Mikrofon.

Gern las er im »Michel«, wie die St.-Michaelis-Kirche von den Hamburgern liebevoll genannt wird, aus dem Brief Rainer Maria Rilkes an einen jungen Dichter:

Weihnachtliche Lesungen in Hamburg und ein Film in New York

Mein lieber Herr Kappus, Sie sollen nicht ohne einen Gruß von mir sein, wenn es Weihnachten wird und wenn Sie, inmitten des Festes, Ihre Einsamkeit schwerer tragen als sonst ...

So beginnt der Brief und ist sehr lang, aber voller Trost. Er konnte in dem Rahmen nur auszugsweise vorgelesen werden. Eine befreundete Zuhörerin wollte am nächsten Tag mehr davon wissen und fragte nicht nur in einer, in mehreren Buchhandlungen danach. Schon war die in Frage kommende Rilke-Ausgabe vergriffen.

Sehr gern trug Heinz das Gedicht *Stufen* von Hermann Hesse vor, aber auch Karl Heinrich Waggerls *Worüber das Christkind lächeln musste* und vieles mehr.

Häufig las er als Abschluss Manfred Hausmanns schöne Verse »Trüb verglimmt der Schein, da der Abend naht ...« In den letzten Jahren allerdings endete er immer mit Dietrich Bonhoeffer:

Von guten Mächten treu und still umgeben,
behütet und getröstet wunderbar,
so will ich diese Tage mit euch leben
und mit euch gehen in ein neues Jahr.

Pastor Bonhoeffer schrieb dieses Gedicht kurz vor seinem gewaltsamen Tod am Ende des Zweiten Weltkrieges.

Ganz »narrisch« – würde man in bayrisch sagen – liebten die Hamburger die Geschichte vom kleinen Pelle von Astrid Lindgren. Sie gehört zu jenen Beiträgen, die einfach nicht ausgelassen werden durften. Einmal taten wir es

47 »Ein Zug nach Manhattan«: Dreharbeiten für den ZDF-Film 1980 in den Straßen von New York mit Kameramann Gero Erhardt ...

(»weil schon so oft gelesen«), und das nahm man Heinz richtig übel. Im Jahr darauf stand *Pelle zieht aus* wieder auf dem Programm.

Im Frühherbst des Jahres 1980 flogen wir nach New York. Die Erzählung *Ein Zug nach Manhattan* von Paddy Chayefsky sollte dort von der Trebitsch-Produktion fürs Fernsehen verfilmt werden. Heinzens Rolle war die eines jüdischen Kantors, Regie hatte der nette, lebensfrohe Rolf von Sydow, Kameramann war unser lieber, vertrauter Gero, Sohn des berühmten Komikers Heinz Erhardt.

An einem Spätnachmittag starteten wir. Die untergehende Sonne begleitete uns während des ganzen Fluges

Weihnachtliche Lesungen in Hamburg und ein Film in New York

und als wir in New York landeten, schien sie immer noch. Es war eine heitere, angenehme Reise gewesen. Mit uns flog die Frau des damaligen deutschen Vertreters bei der UNO in New York.

Während des Landeanflugs äußerte Heinz seine Freude auf einen »Sundowner« an der Hotelbar. Eine weit gereiste Freundin hatte uns zu einem »kleinen gemütlichen Hotel« an der 5th Avenue überreden können. »Da habt ihr es viel gemütlicher als in dem Grand Hotel«, wo wir ursprünglich von der Produktion untergebracht werden sollten.

48 ... und Regisseur Rolf von Sydow

Es war die absolut falsche Unterkunft – ein Hotel für »Damen mit Pelz und Hund«, wie meine Tochter es einordnen würde, aber keineswegs für einen arbeitenden Menschen, der in der Frühe um 7 zum Set abgeholt wurde und dann schon gefrühstückt haben sollte.

Allerdings bestand unsere Suite aus einem recht gemütlichen Wohnzimmer, einem Schlafraum mit Bad und einer leider etwas primitiven Küche.

Als wir dort eintrafen, entsprach die Uhrzeit unserer Cocktailstunde daheim, und da Heinz sich schon im Flug-

Weihnachtliche Lesungen in Hamburg und ein Film in New York

49 Abends im Hotel ...

zeug auf seinen Whiskey gefreut hatte, beschloss er, so wie er war, im Reisedress, hinunter an die Bar zu gehen. Ich möchte doch nachkommen, sobald ich mit dem Auspacken fertig wäre. Nach wenigen Minuten erschien er wieder. Man hatte ihn ohne Krawatte die Bar nicht betreten lassen.

Während ich noch etwas ratlos weiter auspackte – eine Zimmerbar gab es auch nicht –, ging die Türglocke. Selten kam eine Überraschung so gelegen: In der Tür stand ein livrierter Butler und überreichte uns eine Flasche Bourbon mit Grüßen von unserer charmanten Mitreisenden.

Natürlich gab es mit ihr in den nächsten Tagen ein Wiedersehen. Wir nahmen sie mit zum Drehort – ausge-

Weihnachtliche Lesungen in Hamburg und ein Film in New York

50 ... und am Set in der Untergrundbahn in Brooklyn

rechnet an dem Tag in einem U-Bahn-Schacht in Brooklyn. Sie war sehr gespannt und hatte auch ihre Tochter mitgebracht.

Sehr bald wurde klar, wie langweilig solche Filmaufnahmen für unbeteiligte Außenseiter sein können. Es werden ja unzusammenhängende Szenen aufgenommen, alles, was in die gleiche Dekoration gehört, wird abgedreht. Später hat die Cutterin dann die Arbeit, unter Mitwirkung des Regisseurs den Film der Handlung nach zusammenzuschneiden, auch etwas wegzulassen, praktisch den Film in seiner Gesamtheit zu gestalten. Es ist hauptsächlich Frauenarbeit, und der Schneideraum hat eine sehr wichtige Funktion bei der Produktion eines Films. Am Set ist

Weihnachtliche Lesungen in Hamburg und ein Film in New York

es das Warten, was die meiste Zeit in Anspruch nimmt. Der Ton, das Licht und vieles mehr müssen für die einzelnen Szenen eingestellt werden. »Film ab« geht dann noch am flottesten, wenn den betreffenden Schauspielern das Spiel und der Text ohne Patzer gelingen. Das ist die Ausnahme. Wie oft muss eine Einstellung wiederholt oder verändert werden.

Nach einigen Stunden hatten unsere Damen verständlicherweise genug von dem ohrenbetäubenden Getöse der ein- und ausfahrenden Züge, dem Gestank und dem Herumstehen. Ich nahm an, sie würden eine der U-Bahnen benutzen, die ständig in dem Bahnhof hielten, aber sie weigerten sich einzusteigen. Es sei zu gefährlich, in dieser Gegend eine Untergrundbahn zu benutzen. Also ein Taxi. Es kamen wohl welche auf der Straße vorbei, hielten aber nicht, trotz unseres heftigen Gestikulierens. In Brooklyn hält kein Taxifahrer, erfuhren wir. Er kommt auch nicht auf Bestellung. Viel zu gefährlich. Schließlich musste ein Produktionswagen herhalten, um die Damen nach Hause zu befördern. Für mich war das eine neue Erkenntnis eines Teils des New Yorker Lebens.

Eines Morgens wurde mir eine Kostprobe davon nicht erspart. Ich hatte meinen Mann und seinen Fahrer, der ihn abholte, bis auf die Straße, wo der Wagen auf ihn wartete, begleitet. Auch um nach dem Wetter zu schauen, wie warm oder wie kühl die Temperatur war. Man musste doch wissen, wie man sich für den Tag anziehen sollte. Oben in der Wohnung konnte man das unmöglich feststellen, denn die Fenster waren nicht zu öffnen. Als ich so dastand und meinem Mann nachwinkte, spürte ich plötzlich eine Nähe

51 Wie sich die Szenen gleichen: Heinz Rühmann mit Hans Hessling, Benno Sterzenbach und Frithjof Vierock (v.l.n.r.) in »Max, der Taschendieb«, 1962

im Rücken. Einen Atemzug lang. Als ich mich umwandte, sah ich nur Passanten vorübereilen. Aber mein Umhängebeutel mit dem Drehplan für den Tag war weg. Gerade hatte der Mann von der Produktion ihn mir ausgehändigt, damit ich im Bilde war, wo gerade gedreht wurde. Pech für den Dieb. Nichts Wertvolles hatte er erwischt.

Max, der Taschendieb aus dem Jahre 1962 war mit einem Mal sehr anschaulich geworden, und als Opfer bin ich zu der Überzeugung gelangt, dass Heinz diese Filmrolle glänzend und professionell gespielt hat.

Einer seiner Partner in jenem Film war der damals jugendliche Hans Clarin, dessen künstlerisches Können

Weihnachtliche Lesungen in Hamburg und ein Film in New York

mein Mann hoch schätzte. In späteren Jahren pflegte er mit Freude auch private Kontakte mit ihm und seiner verehrten Frau Christa. Dankbar bin ich, dass diese freundschaftliche Verbundenheit auch für mich bis zum heutigen Tag Bestand hat.

Die Arbeit in dieser Riesenstadt New York war eine enorme Anstrengung für Heinz. »Wie hält dieser zierliche alte Herr diese Strapazen bloß durch?«, schrieb ein Journalist damals über diese Dreharbeiten in einer Zeitung. Stundenlang stand Heinz zum Beispiel auf einer schmalen Fußgängerinsel inmitten des brausenden Verkehrslärms und spielte seine Rolle, umgeben von dem Aufnahmeteam, als wäre er in der Geborgenheit eines Studios.

Einen Vorteil hatte unser Hotelappartement: Ich konnte Heinz selbst das Abendessen bereiten, wenn er erschöpft nach oben kam. Man musste nicht mehr ausgehen, man konnte entspannen. Für mich bedeutete das gewohnte Hausfrauenarbeit und ich lernte beim Einkaufen die Stadt und ihre Menschen in den vierzehn Tagen besser kennen.

Häufiger, als ich angenommen hatte, traf ich Landsleute, Österreicher und Schweizer dort in ganz normalen Positionen an. Zufällig war eine gute Freundin aus München in New York. Das gab mir die Möglichkeit, in ihrer Gesellschaft auch das eine oder andere aktuelle Musical am Broadway zu besuchen, wozu bei Heinz die Kraft nicht mehr ausgereicht hätte.

Eines Vormittags waren wir zwei Frauen zu einem ausgiebigen Stadtbummel aufgebrochen und mittags müde und hungrig. An jenem Tag wusste ich nicht, wo die Crew

Weihnachtliche Lesungen in Hamburg und ein Film in New York

mit meinem Mann drehte. Oft änderte sich das aus irgendwelchen Gründen ganz plötzlich. Gerda – so hieß meine
Freundin – und ich stolperten in ein Speiselokal, das ein-
ladend aussah. Ich weiß nicht, wie viel tausend Esslokale
es allein in Manhattan gibt. In jenem saß jedenfalls mein
Mann mit der ganzen Mannschaft des Filmteams an einem
langen Tisch. »Bist du auch schon da?«, meinte er nur und
strahlte über das ganze Gesicht. Unseren Verzehr übernahm die Produktion, Gerda und ich wurden eingeladen.
Man weiß ja nie – aber Engel gab es jedenfalls erst viel später, in Wim Wenders' Film *Der Himmel über Berlin*.

Außer den Abendstunden, die der Erholung und für
Heinz dem Textlernen für den nächsten Tag dienten, hatten wir wenig Freizeit für gemeinsame Unternehmungen.
An einen schönen, unvergesslichen Nachmittag und frü-
hen Abend erinnere ich mich. Es war unser Hochzeitstag,
der 9. Oktober. Heinz hatte früher Drehschluss als sonst.
Wir fuhren zum River-Café am Fuße der Brooklyn Bridge
gegenüber von Manhattan. Die Sonne stand blutrot hinter
der Freiheitsstatue. Die Fackel in ihrer Hand blitzte auf.
Nach und nach gingen die Lichter an, bis schließlich alle
Fenster erleuchtet zu uns herüberblinzelten.

Wir konnten uns nicht satt sehen. Heinz sagte leise zu
mir: »Ich wünsche mir gar nicht, dass es gemalt würde, in
Musik müsste man es setzen.«

Erschöpft, aber zufrieden traten wir die Heimreise nach
Deutschland an. Morgens um 6 Uhr kamen wir in Hamburg an, wo die Dreharbeiten zu dem Film fortgesetzt werden sollten. Wir trauten unseren Augen nicht: Vor dem
Ausgang standen Gyula Trebitsch und seine Tochter Ka-

Weihnachtliche Lesungen in Hamburg und ein Film in New York

52/53 Oben: Rückkehr aus New York: Früh morgens Empfang durch Katharina und Guyla Trebitsch auf dem Hamburger Flughafen. – Mit Ehepaar Trebitsch auf dem Elbdampfer

Weihnachtliche Lesungen in Hamburg und ein Film in New York

54 Gruß von Hamburgs »weißen Mäusen«

Weihnachtliche Lesungen in Hamburg und ein Film in New York

tharina mit einem riesigen Blumenstrauß zu unserem
Empfang. Wir fielen uns in die Arme. Welche Freunde.

Um ihren Freund Rühmann zu ehren und zu erfreuen,
lud die Familie Trebitsch zu einer Hamburger Hafenrund-
fahrt ein. Es war eigens ein ganzes Schiff – oder war es ein
Dampfer? – für diesen Zweck gemietet worden. Unsere in
Hamburg anwesenden oder dort wohnenden Freunde waren dazu geladen, aber auch Bundeskanzler Helmut
Schmidt und seine Frau Loki sowie Herren vom Senat und
einige Kollegen von Heinz.

Ich hatte meinen Platz an einem Fenster, neben mir saß
Helmut Schmidt und erklärte mir unermüdlich die Ha-
fenanlagen, die Schiffe, die Silos, die Boote, alles, was da
an unseren Blicken vorbeizog. Hamburg war *seine* Stadt
und sie war ihm ein Anliegen und sein Stolz, das merkte
man. Ich hörte ihm gerne zu, allerdings ohne alles zu behalten oder zu verstehen. Aber beeindruckt war ich schon
sehr.

Natürlich gab es auch ein köstliches Fisch- und Krab-
benbuffet für uns Fahrensleute.

Das Haus auf dem Lande

Nach dem Krieg verlegten zahlreiche große, mittlere und kleinere Unternehmen ihren Sitz von Berlin in die westlichen Zonen Deutschlands. München war eine bevorzugte Stadt. Auch der Verlag meines Mannes zog hierher. Mit den Mitarbeitern und deren Familien gehörten wir nun auch zu den Zugereisten, wie die alteingesessenen Münchner die Neuankömmlinge bezeichneten. Es kamen Ärzte, Juristen, Architekten und viele, viele Künstler. Die Filmschauspieler unter ihnen suchten ihre neue Bleibe möglichst im Umkreis des Bavaria-Filmgeländes in dem schönen, bewaldeten südlichen Stadtteil Geiselgasteig. Obwohl ich mit dem Filmgeschäft gar nichts zu tun hatte, wohnte ich einige Jahre in dieser Gegend, in Grünwald. Fast täglich ging ich an einer Baustelle vorbei. Offenbar entstand dort inmitten eines großen Grundstückes eine Einfamilienvilla. Der Bauherr solle der Schauspieler Heinz Rühmann sein, hieß es.

Eines Tages läutete eine junge Zigeunerin an meiner Tür. Sie war mir so sympathisch, dass ich sie einließ. Wir gingen in den Garten und sie las mir aus der Hand. »Sie leben im Paradies«, meinte sie, »aber Sie werden hier nicht bleiben.«

Noch im selben Jahr zog ich mit meinen kleinen Kindern in die Nähe des Starnberger Sees. Gewisse Umstände

Das Haus auf dem Lande

hatten das ergeben. Jahrzehnte später sollte ich zurückkehren. In die Straße, in der ich schon einmal gewohnt hatte, in das Rühmann-Haus, das ich damals entstehen sah.

Es war im Jahr 1981, als sich unser Leben entscheidend veränderte. Heinz und ich zogen aufs Land in dieses kleine, gemütliche Haus in Berg-Aufkirchen. Und ich war mit ihm nun ausgerechnet in dem Dorf, in dem meine kleinen Kinder die Volksschule besucht hatten. Es wurde unsere neue Heimat.

Ganz zufällig passierte das. Durch eine Zeitungsanzeige. Schon länger spielten wir mit dem Gedanken, das Haus in Grünwald zu verlassen und hatten schon öfter Immobilien besichtigt. Ohne Erfolg. Es muss ja nicht nur die Größe, der Preis, die Lage, das Geschmackliche eines solchen

55/56 Unser neues Zuhause. – Arpad spielt »braver Hund« (rechte Seite).

Das Haus auf dem Lande

Hauses stimmen, man muss es riechen können, wenn man es betritt. Vor allem musste es meinem Mann so sehr gefallen, dass er diese Veränderung aus vollster Überzeugung wollte.

Immerhin verließ er ein Heim, in dem er dreißig Jahre zu Hause war. Ich musste staunen, mit welcher Konsequenz er den Erwerb dieses Anwesens betrieb. Die letzten Zweifel räumte sein Freund und Fliegerkamerad aus, der als Architekt den Zustand dieser Immobilie überprüfte. Selbst nach über zwanzig Jahren hat sich seine positive Beurteilung bestätigt.

Einige Veränderungen mussten vorgenommen werden, um den Wohnbereich unseren Bedürfnissen anzupassen, aber der Grundriss stimmte. Ende Juni wurde der Kaufvertrag unterzeichnet, und ich konnte nach siebenjähriger Ehe daran gehen, uns beiden ein neues, ein ganz eigenes Nest zu bauen. Damit erfüllte sich natürlich ein Herzenswunsch von mir, dessen Verwirklichung ich eigentlich nicht zu hoffen gewagt hatte.

Bis der letzte Handwerker draußen war und ein Gärtner auf dem Grundstück einiges ein- und umgepflanzt hatte,

127

Das Haus auf dem Lande

57 *Blick aus dem Schlafzimmer*

wurde es November. Einen Tag, bevor der Möbelwagen für den Umzug in Grünwald vorfuhr, erhob sich Heinz von seinem Sessel am Schreibtisch im noch völlig intakten Arbeitszimmer, zog seinen Mantel an, nahm sein Köfferchen und verließ sein Haus, wie er es unzählige Male im Lauf der Jahrzehnte getan hatte, um eine Reise anzutreten. Dieses Mal ging die Reise an den Tegernsee in seinen vertrauten und geliebten Jägerwinkel. Zusammen mit einem Freund begab er sich dort für ungefähr zwei Wochen in die Obhut der geschätzten mütterlichen Prinzipalin. Nach diesen vierzehn Tagen kam er heim nach Aufkirchen, legte seinen Mantel in der Garderobe ab, gab mir sein Köfferchen zum Auspacken und marschierte zu seinem alten

Das Haus auf dem Lande

58 *Das Entenpaar an der Vogeltränke*

Schreibtisch, auf dem er alles so vorfand, wie er ihn in Grünwald verlassen hatte. Nichts fehlte. Auch das Gebet von Friedrich Christoph Oettingen lag als kleines Kärtchen an seinem Platz:

> Herr, gib mir die Gelassenheit,
> Dinge hinzunehmen,
> die ich nicht ändern kann.
> Gib mir den Mut, Dinge zu ändern,
> die ich ändern kann,
> und gib mir die Weisheit,
> das eine vom anderen
> zu unterscheiden.

Das Haus auf dem Lande

Er war zu Hause. Ich spürte das und schloss ihn in die Arme.

Das Grünwalder Haus übernahm der Sohn meines Mannes und zog dort mit seiner Familie ein. Eine glückliche und vernünftige Lösung, schien mir, auf die sich Vater und Sohn geeinigt hatten.

Unser neues Haus war natürlich nicht ganz komplett eingerichtet, als wir einzogen. Es gab noch eine Menge zu tun – und das ist bis zum heutigen Tage nicht anders. Immer wieder fällt einem etwas ein, was verbessert oder verschönert werden könnte.

Eine sehr wichtige Lebensgewohnheit mussten wir aufgeben. Ohne einen größeren Umbau gab es keinen Platz für getrennte Schlafzimmer. Also zogen wir nach sieben Ehejahren zusammen in ein Doppelbett. Ein Risiko. Nach kurzer Zeit der Umorientierung konnten wir uns nicht mehr vorstellen, dass es einmal anders war. Unser Hund Arpad genoss die neue Situation auch sehr. Alle zusammen, er aber auf seinem Fell vor Herrchens Bett.

Ich hatte anfangs Bedenken wegen meiner Angewohnheit, bis tief in die Nacht im Bett zu lesen. Würde mein Nachbar sich dadurch nicht sehr gestört fühlen? Es kamen nie Beschwerden. Er hatte einen guten Schlaf.

Mit diesem Haus auf dem Lande begann unsere glücklichste Zeit. Mein Mann, unser Hund und ich, wir lebten ganz und gar füreinander, miteinander.

Wenn man eine Einladung, eine Aufforderung zu einer Veranstaltung in München nicht wahrnehmen wollte, hatte man plausible Ausreden bereit: Nebel, Glatteis, große Hitze etc.

Das Haus auf dem Lande

Wir hatten kein Seegrundstück, nicht einmal Seeblick, das Haus liegt in dörflicher Umgebung, und wir schauten auf grüne Wiesen und Felder, die bestellt und abgeerntet wurden, bis hin ins Gebirge, das namentlich bei Föhnwind ganz nah heranrückt. Man lebt mit der Natur rund ums Jahr. Die Kirchenglocken läuteten an Feiertagen, weckten uns an Samstagen vom Mittagsschlaf, wenn sie das Wochenende ankündigten. Wir hörten sie, wenn ein junges Paar getraut wurde, und bange Töne, wenn ein Mensch zur letzten Ruhe ging.

Wir ließen in unserem Garten einen Teich ausheben. Er wurde mit Planen ausgelegt, Wasserpflanzen wurden in

59 Ein lieber Besuch: Maria Schell

Das Haus auf dem Lande

Körben eingesetzt, Leitungswasser tage- und nächtelang eingelassen, und am fünften Tag hörten wir den ersten Frosch quaken. Dieses kleine Biotop wurde von den Fröschen angenommen, als hätten sie schon lange darauf gewartet. Und wir warteten nun Jahr für Jahr im Frühling gespannt darauf, ob sie wiederkamen. Zweiundzwanzig Jahre lang halten sie nun ihrem Teich die Treue, quaken einige Wochen lang so laut, dass man nachts das Fenster schließen muss, und halten Hochzeit mitten unter den Seerosen und Binsen.

Elf Goldfische wurden gekauft und zu ihnen gesellt. Mein Mann ging jeden Morgen an den Teich, um die Fische zu füttern. Das schien ihnen sehr zu behagen. Nach wenigen Jahren glich unser kleiner Tümpel einem Topf voll Fischsuppe, so sehr hatten sie sich vermehrt. Sie wurden herausgefischt und in einem anderen Teich wieder in eine größere, geräumigere Freiheit entlassen. Zwei Wildenten kamen auch jedes Jahr für kurze Zeit. Einmal beobachteten wir, dass eines dieser Entchen hinkte, und zu unserem Entsetzen, dass der Erpel sie verließ. Allein saß es da. Ich finde eine kleine

60 Heinz am Gartenteich

61 Unser Lieblingsplatz in der Abendsonne

Entenchronik, eine Notiz, die mein Mann am 30. April 1984 über unseren Teich aufgeschrieben hat:

Es ist Frühjahr, der Schnee ist vergangen, das Eis am Weiher bricht auf, und wir sehen tief unten im dichten Grün die Goldfische stehen, unbeweglich, aber lebend. Wir sind sehr glücklich.
Einige Tage später schwimmen sie, alle elf – und was das Schönste ist, um sie herum spielen kleine Fischchen, die ich schon im Herbst sah, Nachkommen von ihnen. Noch dunkel getönt, auch sie haben die Starre überwunden. Wir können es kaum glauben.

Das Haus auf dem Lande

Auf dem Weg zum Haus platscht es hinter mir, zwei Wildenten schwimmen nacheinander, noch wissen wir nicht, ob es unsere Alten sind. Ich warte, bis sie herankommen, *sie hinkt*. Also unsere, er kommt uns kleiner und zarter vor. Auch jünger. Er ist noch zuvorkommender als sein Vorgänger, hat die Führung an sie abgegeben, lässt sie keinen Moment aus den Augen und will das wohl alles nachholen, was der andere versäumt hat. Vielleicht haben die Kollegen ihm erzählt, dass der Schlawiner die letzten Wochen gar nicht mehr da war und sie allein bei uns saß. Wie hat sie ihm, dem Neuen, beigebracht, dass er mit ihr zu uns fliegen soll? Jetzt fällt mir ein, dass beide einige Runden über dem Grundstück drehten, sie dabei laut schrie, um ihn aufmerksam zu machen. Inzwischen sind sie schon gefüttert worden, er ist noch scheu. Hoffentlich gewöhnen sie sich wieder. Auf einmal lebt der Garten!

Gestern stand ich im Garten, rechte das Gras zusammen, blickte zufällig hoch und sah einen schweren Vogel ankommen, der sich noch über Haushöhe befand. Er setzte zur Landung an, steil, alle Klappen raus, wie wir es bei einer gewollt kurzen Landung machen, und setzte sich mitten auf den Weiher, unser Erpel, rauschte vielleicht noch einen halben Meter durchs Wasser, sah sich um, fing sofort zu rufen an, weil sie nicht da war, erklomm das Ufer, putzte sich, rief wieder und nach fünf Minuten war er fort, ich nehme an, sie suchen.

»Schenke und vergiss es – und es kommt auf dich zurück.« Diesen chinesischen Spruch habe ich mir gut gemerkt.

Das Haus auf dem Lande

Meinem Mann war er nützlich. Wie viele Männer hatte er große Probleme, wenn es galt, ein Geschenk zu suchen, zu finden, zu geben. Es ist auch nicht leicht. Dass es dem Schenkenden Freude macht, Freude machen sollte, ist das Geheimnis. Immer das, was man selbst gern hätte, dann ist es richtig. Natürlich muss es zum Beschenkten passen, das ist selbstverständlich. Ganz ohne Kopfschmerzen geht es selten.

Mein sechzigster Geburtstag war herangekommen. Unvermeidbar. Am Morgen versammelte sich die ganze Familie. Man bescherte mich. An Liebe und Mühe hatten sie alle nicht gespart. Fünf Enkel saßen da, fein herausgeputzt und mit rührend selbst Gebasteltem. Alle Augen hingen an dem schön verpackten, großen Paket, das Heinz mir übergab. Eine Brosche, ein Brillantring konnte es nicht sein, werden sich die weiblichen Angehörigen wohl heimlich gedacht haben. Aber was konnte es sonst sein – in der Größe?

Es war – eine Salatschleuder! So viel Heiterkeit hat nie ein Geschenk ausgelöst, das ich je bekam. Alle Voraussetzungen einer gelungenen Gabe erfüllte dieser Gegenstand! Heute noch muss ich jedes Mal lachen und freue mich, wenn ich diese Salatschleuder vom sechzigsten Geburtstag zur Hand nehme. Aber – was war so erheiternd daran, meine Lieben?

Begegnungen und Ehrungen

Viele Persönlichkeiten lernte ich kennen. Meinem Mann wurden gerade in seinen letzten zwanzig Lebensjahren zahlreiche Ehrungen und Auszeichnungen zuteil. Darüber hinaus spürte man die Liebe und Zuneigung, die ihm entgegengebracht wurde. Das war es, was ihn wirklich freute, ehrgeizig war er nicht mehr. Dieser Antrieb in seiner Karriere hatte sich lange schon erfüllt.

Im Jahr 1972, er feierte seinen siebzigsten Geburtstag, verlieh ihm der damalige Bundespräsident Walter Scheel das Große Bundesverdienstkreuz mit Stern und Schulterband. Das war noch vor unserer Heirat, dennoch wurde ich nach Bonn mitgenommen.

Während der Festlichkeiten lernten wir in der Villa Hammerschmidt Frau Dr. Mildred Scheel kennen. Sie kam die Treppe zu ihren Privaträumen herunter und ging gezielt auf meinen Mann zu. Die Empfangshalle war voller Menschen. Nach der Begrüßung schlug sie uns einen Spaziergang durch den Park vor, was uns sehr lieb war. Sie hatte ein Anliegen. Heinz sollte durch seinen Bekanntheitsgrad und seine Beliebtheit bei einem großen Teil der Bevölkerung mithelfen, für die Krebsvorsorge zu werben. Frau Scheel hat einen großen Anteil daran, dass diese medizinische Maßnahme heute verbreitet und mehr oder weniger selbstverständlich ist. Um möglichst viele

Begegnungen und Ehrungen

Menschen anzusprechen, wurde eine groß angelegte Show dafür geplant, die auch im Fernsehen übertragen werden sollte.

Heinz signalisierte noch während unseres Spaziergangs seine Bereitschaft mitzuwirken. Damit befand er sich in allerbester Gesellschaft. Als der Abend dann in einer riesigen Halle, die zirka fünftausend Zuschauer fasste, in Köln stattfand, traten die hervorragendsten Künstler von Film und Fernsehen auf. Da es hauptsächlich eine musikalische Veranstaltung war, bereitete es meinem Mann Kopfschmerzen, wie sein Beitrag aussehen sollte. Es wurde hin und her überlegt, schließlich entschied man sich für das Lied vom Clown.

Kurz zuvor war eine Schallplatte mit Heinz in einer Art Sprechgesang produziert worden und wenig bekannt. Wegen der Übertragung im Fernsehen sollte aus Gründen der Perfektion diese Show in Playback-Technik ablaufen. Heinz lehnte das für sein Lied ab, er wollte es live bringen, die Wirkung sei dann eindrucksvoller. Man warnte ihn, selbst unser Freund Franz Grothe, der bekannt war als Komponist für schöne, anspruchsvolle Filmmusik, dirigierte sein Orchester auf der Bühne synchron zu der bereits aufgenommenen Tonaufnahme.

Ich saß bei der Aufführung in einer der vorderen Reihen. Neben mir mein ältester Sohn, der aus Düsseldorf angereist war. Heinz betrat das Podium. Zum Smoking trug er ein kleines Clown-Hütchen. Die Musik setzte ein, und Heinz intonierte den Text:

62 Benefizkonzert in Köln zugunsten der Krebsvorsorge, 1972

Begegnungen und Ehrungen

Begegnungen und Ehrungen

Der Clown, der Clown,
der war so lustig anzuschaun …
aber nie ließ der Clown, der Clown
sich ins Herz hineinschaun …

Im Publikum war es mucksmäuschenstill. Dann, mit einemmal, stockte Heinz, schien den Faden zu verlieren. Es waren nur Sekunden, dann war er wieder eins mit der Melodie, die vom Tonband weiterlief.

Mein Sohn legte beruhigend seine Hand auf die meine. Ich zitterte am ganzen Körper. Noch nach Wochen erlebte ich im Traum diese Schrecksekunde nach. Es war ein Albtraum.

Am Ende dieses grandios inszenierten Abends versammelten sich alle Mitwirkenden auf der Bühne, die Idole nicht nur einer, sondern mehrerer Generationen. Sie sangen alle den Schlager »So schön wie heute, so soll es bleiben, so soll es bleiben für alle Zeit«. Zum letzten Mal waren sie alle in so großer Zahl beieinander, die Schauspieler, Sänger und Musikanten ihrer Zeit. Sie wirkten wie eine große Familie – und die vielen Menschen im Zuschauerraum gehörten dazu.

Mit einem großen Zapfenstreich vor dem Schloss Bellevue in Berlin ehrte man am 29. Juni 2004 unseren derzeitigen Bundespräsidenten Johannes Rau zum Abschied. Vor Jahren, als er noch Ministerpräsident des Landes Nordrhein-Westfalen war, sagte er seinen Besuch in unserem Hause an. Am Nachmittag. Zur Teestunde. Es war kein Geheimnis, er beabsichtigte, seinem Landeskind – Heinz ist ja in

Begegnungen und Ehrungen

Essen zur Welt gekommen – aus gegebenem Anlass eine Auszeichnung zuteil werden zu lassen.

Entsprechende Vorbereitungen wurden im Hause getroffen. Schon seit einiger Zeit gefiel mir mein Teegeschirr nicht mehr. Welch glückliche Gelegenheit für eine Hausfrau, ohne Skrupel herzugehen und ein neues zu kaufen.

Herr Rau betrat unser Wohnzimmer und rief gut gelaunt und händereibend angesichts des mit allen Finessen gedeckten Teetisches: »Was freue ich mich jetzt auf eine schöne Tasse Kaffee!«

Er bekam Kaffee. Aus den schönen neuen Teetassen. Seitdem heißen sie »das Rau-Geschirr«.

Einen nicht alltäglichen Gast durften wir noch vor dem Fall des Eisernen Vorhangs in unserem Haus empfangen. Es war ein diplomatischer Vertreter der damaligen Tschechoslowakei.

Er überbrachte eine Plakette mit einer Urkunde für den besten ausländischen Darsteller des Schwejk von dem tschechischen Schriftsteller Jaroslav Hašek. Eine Kultfigur in seinem Land, aber auch im Repertoire meines Mannes.

Wieder einmal eine Anerkennung, die ihn sichtlich freute. Am Schluss dieses Besuches erfolgte eine Einladung nach Prag. Ich kannte diese Stadt damals noch nicht und freute mich sehr darauf. Leider kam es nicht dazu. Das ärgert mich heute noch, weil ich zu dem Termin, zu dem die Einladung ausgesprochen wurde, nicht reisefähig war. Ein kleiner chirurgischer Eingriff war der Hinderungsgrund.

Begegnungen und Ehrungen

Ungehindert kam ich später nach Prag, aber ohne meinen Mann und ohne offizielle Ehren und Gastlichkeiten, die wir dort gerne genossen hätten.

Diese Stadt ist natürlich ohnedies eine der sehenswertesten in Europa, aber es ist ein Unterschied, ob man sie als Gast erlebt oder als Tourist. Unsere nette Führerin brachte mich auf meine Bitte zum »Kelch«, dem Gasthof, in dem sich Schwejk und sein Kumpel »nach dem Krieg um fünf Uhr« treffen wollten. Ich glaube, heute hätten sie ein anderes Lokal gewählt.

Geburtstage feierten wir nicht gern. Heinz kam schlecht darum herum. *Er* wurde gefeiert. Dem wollten wir an seinem Fünfundsiebzigsten entgehen, wollten für uns sein und beschlossen zu fliehen. Die Wahl fiel auf Israel. Weit weg, aber nicht in die Fremde.

Ist dieses Land nicht den meisten Menschen vertraut? Schon den kleinsten Kindern erzählt man zu Weihnachten von der Krippe zu Bethlehem bei den Hirten auf dem Felde. Heute steht dort die orthodoxe Geburtskirche. Man gelangt durch eine ganz kleine Tür – man muss sich bücken – zu dem Platz, den man für den Ort der Geburt Jesu hält. Ich saß vor Jahren einmal mutterseelenallein in dieser von hunderten brennender Kerzen erleuchteten Grotte und konnte meine Bedrängnisse draußen vor dem Türchen lassen.

Heinz Rühmanns Geburtstag ist am 7. März und Ostern nicht mehr weit. Wir landeten in Israel auf dem Flughafen Ben Gurion. Schon als wir die Ankunftshalle betraten, kamen die ersten Pilgergruppen auf uns zu und umringten

Begegnungen und Ehrungen

63 *Ein Blumenmeer zum Empfang in Israel, 1977*

meinen Mann mit großem Hallo. Im Hotelzimmer erwartete uns eine große Geburtstagsüberraschung: ein Blumenmeer, Telegramme und Champagner. Da soll man sich nicht freuen!

Schon läutete das Telefon. Ein Auto mit Fahrer würde morgen vor der Tür stehen für eine Tour durchs ganze Land, wo auch immer wir hin wollten. Um das nicht mitgekommene Golfgepäck würde man sich auch kümmern. Das befand sich vermutlich gerade auf einer kleinen Weltreise. Keine Sorge. Gute Freunde waren am Werk.

Nach all der Freude hatten wir Hunger. Wir aßen im Hotel zu Abend. Nach der Mahlzeit zündete ich mir eine Zigarette an und schon saß ich im Fettnäpfchen. Sehr dis-

Begegnungen und Ehrungen

kret und höflich bat man mich, im Speisesaal nicht zu rauchen. Wir waren in einem koscheren Hotel. Gern fügte ich mich den Geboten der Kultur und Religion unseres Gastlandes, in dem man den Atem von Jahrtausenden spürt. Wie man weiß, war es oft ein sehr heißer Atem.

Unser Golfgepäck kam und verriet uns durch nichts, wo es gewesen war. Eines Tages lag mein Golfball neben einem großen hellen Stein, der sich im Gras bewegte. Es war eine Schildkröte. Zu gern hätte ich sie nach Deutschland mitgenommen, aber leider – die Zollbestimmungen verwehrten es. Sie hätte zuerst in Quarantäne gemusst. Das arme Tier.

Seit meiner Kindheit von Allergien geplagt, spürte ich die Wohltat, im Toten Meer *auf* dem Salzwasser zu liegen. Nicht *im* Wasser, das schafft man gar nicht, so sehr wird man getragen. Erzählt die Bibel nicht, dass einst jemand (ich bin nicht bibelfest) übers Wasser gelaufen ist? Am Toten Meer könnte man es glauben.

Heinz hat die Fantasien seines Kinderglaubens damals in Israel zurückstellen müssen. Überall, an allen heiligen Stätten,

64 *In Bethlehem ...*

Begegnungen und Ehrungen

65 … und in Jerusalem

lärmende Menschen, die ihn begrüßten, anfassten und fotografierten. Wie ist das auch lustig: Der Rühmann auf der Via dolorosa oder hoch oben auf dem geheiligten Felsen Masada. Den bestieg er und kam erschüttert zurück eingedenk der Katastrophe, die sich im Jahre 70 n. Chr. dort zugetragen hat. Auch in Bethlehem fand er nicht die Stille zur Einkehr, wie er es sich gewünscht hatte. Schade.

Unser lieber Freund, Dr. Rolf Pauls, der erste deutsche Botschafter in Israel, und seine Frau Lilo waren zu der Zeit, als ich mit Heinz Israel besuchte, nicht mehr dort auf Posten. Als sie kamen, warf man aus Protest mit Tomaten, als sie gingen, hinterließen sie Freunde, auch unter den maßgeblichen jüdischen Persönlichkeiten, und mussten ver-

Begegnungen und Ehrungen

sprechen, jedes Jahr ihren Urlaub dort zu verbringen, was sie auch wirklich viele Jahre getan haben. Der Schriftsteller und Journalist S. Fischer-Fabian nannte das Ehepaar Pauls in einer Reportage die »Eisbrecher vom Roten Meer«. Das waren sie auch. Nach dem Sechs-Tage-Krieg war ja eine friedliche und auch Deutschland gegenüber friedfertige Zeit. Nicht nur der Botschafter, auch seine Frau konnten viel dazu beitragen. Sie spielte sehr gut Bridge und hatte dadurch Kontakt zu den Bridge spielenden Damen der israelischen Gesellschaft. Dieser Umstand war sicherlich auch für die große Politik nicht zu unterschätzen.

Später wurde Rolf Pauls der erste Botschafter unseres Landes in China. Auch dort war er wohl als bewährter Eisbrecher gedacht, nur war das Eis dort noch härter und das Klima noch kälter.

Auf Initiative des damaligen bayerischen Ministerpräsidenten Franz Josef Strauß hin wurde 1980 der Maximiliansorden für Wissenschaft und Kunst wieder ins Leben gerufen. König Maximilian II. von Bayern stiftete diese Auszeichnung im Jahr 1853 speziell für Gelehrte und Künstler und gab ihm seinen Namen. Unter den ersten Würdenträgern befanden sich Alexander von Humboldt, Justus von Liebig, Leopold Ranke und Friedrich von Thiersch für die Abteilung Wissenschaft.

»Im Gebiete der Kunst« wurden des Ordens für würdig befunden Wilhelm von Kaulbach, Franz Grillparzer, Joseph von Eichendorff, Emanuel Geibel, Franz von Kobell, Leo von Klenze und viele andere mehr.

FEIERSTUNDE

aus Anlaß

der Verleihung

des Bayerischen Maximiliansordens für Wissenschaft und Kunst

am Mittwoch, 9. Dezember 1981, 10.30 Uhr,

in der Grünen Galerie der Residenz München

66–68 *Oben: Leo von Klenzes 1853 von König Maximilian II. abgelehnter (links) und Wilhelm von Kaulbachs ausgeführter Maximiliansorden für die Kunst. – Einladung zur Verleihung unter anderen an Heinz Rühmann*

Begegnungen und Ehrungen

Insgesamt hat es nur 351 Ernennungen gegeben, lese ich gerade: »Am Ende des Zweiten Weltkrieges lebten noch zwölf Ordensmitglieder, fanden sich aber nicht wieder zusammen.«

Am 9. Dezember 1981 wurden wieder die ersten Ordensträger aufgenommen. Die Feierstunde fand in der Münchner Residenz mit einer Ansprache von Franz Josef Strauß statt. Heinz Rühmann war unter den ersten neunzehn ausgezeichneten Persönlichkeiten und mit Recht stolz darauf. Er trug selten einen seiner Orden, aber wenn, dann diesen.

Für die Abteilung Kunst waren es damals mit ihm neun Ausgezeichnete, darunter sein Freund und Kollege Axel von Ambesser, dann Professor Werner Egk, Professor Dr. Golo Mann, Professor Carl Orff und als einzige Dame Kammersängerin Astrid Varnay. Zu Zeiten der Monarchie und auch danach wurden Damen nicht in den Orden aufgenommen. Das hatte sich jetzt zum Glück geändert.

Alle zwei Jahre gab es anschließend an die Sitzung des Ordens ein festliches Essen im Kaisersaal der Münchner Residenz, zu dem die Ehefrauen eingeladen wurden. Man nahm Platz an einer festlich gedeckten Tafel in einem der herrlichsten Renaissance-Säle »nördlich der Alpen«, wie es heißt. Spannend war ja auch, wen man zum Tischherrn bekam. In dieser Beziehung kann ich mich nicht beklagen. Es war jedes Mal eine Bereicherung.

In den folgenden Jahren wurde für die wissenschaftliche Abteilung unser Freund, der Dermatologe Professor Dr. Otto Braun-Falco, berufen. Auch Dr. Ludwig Bölkow erschien zu unserer Freude.

69 *Festessen im Kaisersaal der Münchner Residenz*

Für die Abteilung Kunst konnte Heinz seine verehrte Kollegin Elisabeth Bergner in die Arme schließen, wie auch die geliebte Kammerspiel-Schauspielerin Maria Wimmer.

Alle hinzugekommenen Ordensmitglieder wurden von dem Gremium der Vorgänger in geheimer Wahl vorgeschlagen und gewählt – oder abgelehnt. Wenn mein Mann von einer dieser Sitzungen heimkam, versuchte ich neugierig etwas zu erfahren. In all den Jahren hat er nie auch nur ein Sterbenswörtchen verraten. Mich amüsierte seine Geheimbündelei, und im Grunde sah ich ja ein, dass es anders nicht ging.

Begegnungen und Ehrungen

70/71 Heinz gratuliert einem neuen Maximiliansorden-Träger, Dr. Ludwig Bölkow (oben), sowie seinem Freund Dr. Otto Braun-Falco, ...

Begegnungen und Ehrungen

72/73 ... und 1984 begleiten wir Elisabeth Bergner nach der Ordensverleihung (oben). – Ordensträger Ernst Jünger, Maria Wimmer, Dr. Ludwig Bölkow und Heinz Rühmann mit Ministerpräsident Max Streibl

Begegnungen und Ehrungen

Zurück zu den Geburtstagen: Von der Feier seines Achtzigsten als »Rühmann von früher« erzählte ich schon. Eines Tages kam auch der Fünfundachtzigste im Jahr 1987 heran. Es war Ausdruck unserer Freude und Dankbarkeit, dass er ihn erleben konnte, indem wir die Familie und Menschen, die uns sonst auch nahe standen, zu einem festlichen Abendessen ins »Vier Jahreszeiten« in München einluden. Es waren zirka achtzig Personen. Die Tischordnung musste gut durchdacht sein. Die Damen waren, wie üblich, in der Überzahl. So saß Heinz an einem runden Tisch umgeben von einem illustren Damenflor. Natürlich kann man bei einem solchen Arrangement nicht jedem Gast mit seiner Tischdame oder ihrem Tischherrn das große Glück bescheren, aber die frohe, festliche Stimmung rund um jeden Tisch und im ganzen Saal war doch ein gutes Zeichen für ein geglücktes Placement.

Ein alter Fliegerkamerad hielt eine Ansprache, die dem Geburtstagskind ganz gewiss aus dem Herzen sprach. Klaus Schultz ehrte mich und beglückwünschte Heinz mit Worten, für die ich ihm dankbar bin. Die Enkelinnen trugen Heinz' Lied von den »gebrochenen Herzen der stolzesten Frauen« vor, und Margot Werner legte ihm ihr berühmtes Couplet »So ein Mann ...« zu Füßen.

Begegnungen und Ehrungen

74–76 Oben: Satt und gut gelaunt nach dem Mittagessen bei dem Ehepaar von Weizsäcker in der Villa Hammerschmidt in Anwesenheit von Botschafter a.D. Dr. Rolf Pauls, März 1987. – Vor der Lesung in der Bonner Kreuzbergkirche mit Bundespräsident Dr. Richard von Weizsäcker

Begegnungen und Ehrungen

77 *Ausflug zu »Menschen und Motoren« in Ingolstadt: Herzliche Begrüßung durch VW-Chef Ferdinand Piëch ...*

Schließlich hielt August Everding die Festrede, seine Rede für Heinz. Keiner im Saal konnte sich seinen Worten verschließen, sie bewegte jeden von uns und mich wohl am meisten. Zusammen mit dem geliebten Jubilar.

Aber mit dieser Geburtstagsfeier hatte die Freude noch kein Ende. Mein Mann fand ein ganz besonderes Geschenk vor. Das war der Brief von Dr. Richard von Weizsäcker, unserem damaligen Bundespräsidenten. Er gratulierte und lud Heinz und mich auch im Namen seiner Frau Marianne zum Mittagessen ein. Nach Bonn, in seine privaten Räume in der Villa Hammerschmidt.

Die Einladung zu diesem liebenswerten, verehrten Ehepaar erfreute uns sehr und wir machten uns am 9. März

Begegnungen und Ehrungen

78 ... *und durch den Werkmeister mit der Belegschaft der Audi-Werke*

auf den Weg nach Bonn. Ein sehr reizender Herr vom Bundespräsidialamt nahm uns unter seine Fittiche und regelte auch das Verhalten der Medien uns gegenüber, um meinen Mann nicht übermäßig zu strapazieren. Heinz zu Ehren waren August Everding und seine Frau Gustava sowie Rolf Pauls – nun Botschafter im Ruhestand – mit seiner Frau Lilo zur festlichen Mittagstafel geladen. Alles war liebevollst durchdacht, um uns zu erfreuen.

Eine gepanzerte Limousine brachte uns schließlich zum Flugplatz und unsere Begleitung überreichte mir zum Abschied einen Blumenstrauß vom Bundespräsidenten mit einem kleinen Kärtchen, das ich natürlich aufgehoben habe.

Begegnungen und Ehrungen

Wir hatten sehr das Bedürfnis, uns mit einer Gegengabe für diese schöne Einladung zu bedanken. So entstand der Plan, eine Weihnachtslesung in Bonn für das Ehepaar von Weizsäcker und dessen Gäste zu arrangieren.

Mit Hilfe unserer Kontaktperson im Präsidialamt, Herrn Dr. Milleker, kam dieser vorweihnachtliche Leseabend auch zu Stande und zwar in der Bonner Kreuzbergkirche. Heinz las seine Lieblingstexte von Rilke, Hausmann, Hesse, Timmermans und Bonhoeffer. Anschließend waren wir zusammen mit vielen Persönlichkeiten, die Weizsäckers zu diesem Leseabend geladen hatten, wieder in der Villa Hammerschmidt zu einem Empfang vor brennendem Kamin.

Mit einem handgeschriebenen, zwei Seiten langen Brief bedankte sich der Bundespräsident bei Heinz für »ein wahrhaft einzigartiges und bleibendes Geschenk«. Er erwähnte auch unseren Abschiedsbesuch bei ihm und seiner Frau am nächsten Vormittag. Wir waren sehr gerührt über die herzliche Verbundenheit, die er im Brief zum Ausdruck brachte.

»Fahr langsam, die Welt ist so schön«

Nach seinem achtzigsten Geburtstag, es muss im Spätsommer 1982 gewesen sein, saßen wir beim Frühstück auf der Insel Sylt. Heinz war still, in sich gekehrt, anders als sonst, wenn wir unter uns waren.

»Was ist mit dir, hast du schlecht geschlafen?«

Er antwortete leise: »Heute läuft meine Fluglizenz aus.«

Nach fünfzig Jahren nahm er Abschied von einer großen Liebe seines Lebens, von seiner Freiheit hoch über den Wolken. Oft sprach er darüber, wie klein alles erschien, wenn er aus der Höhe hinunter schaute. Nicht nur die Häuser, die Menschen – auch Ärger, Kummer, Ängste.

Ich fühlte mich betroffen, denn auf meine Bitte hin hatte er seinen Flugzeugführerschein nicht mehr erneuert. Man muss dazu alle zwei Jahre vor einer Jury Starts und Landungen absolvieren und sich einer ärztlichen Untersuchung unterziehen. Immer wieder kam er bisher triumphierend heim: Alles in Ordnung, keine Beanstandungen.

Fröhlich flog er nach seinem achtzigsten Geburtstag weiter, nahm auch einmal seinen kleinen Enkel mit. Langsam machte ich mir Sorgen. Wie lange würde das noch gut gehen? »Bitte, bitte, gib deine Flugerlaubnis zurück, bevor sie dir genommen wird«, bat ich. Dabei dachte ich an einen seiner Kameraden, der nach der ärztlichen Untersuchung zurückkam mit dem strikten Verbot, weiter zu flie-

»Fahr langsam, die Welt ist so schön«

gen. Wir erlebten den Kummer dieses »armen Schweins« mit. So etwas wollte ich Heinz ersparen und natürlich mir selber die Angst um ihn.

Es war einer der ersten Inhalte, die er aus seinem Leben streichen musste. Der Beginn des Abschiednehmens.

Eines Vormittags kam er von einer kurzen Autofahrt zurück. Meist fuhr er in die Apotheke, zur Post, zum Tanken oder um kleine Besorgungen zu erledigen. Das Bezahlen überließ er grundsätzlich seiner Frau, also mir. Er hatte nie Geld bei sich. Die Geschäftsleute in unserem Dorf oder gar in der Kreisstadt kannten das und es wurde akzeptiert, bei der nächsten Gelegenheit Frau Rühmann zur Kasse zu bitten: »Dürfen wir die Rechnung … Ihr Mann hat neulich …« Manchmal kam das überraschend für mich und ich hatte nicht genügend Geld bei mir. Ein Unglück war das nicht. »Also nächstens.«

Aber ich wollte von jenem Vormittag erzählen, als er von solch einer kleinen Tour heimkam. Still setzte er sich auf einen Stuhl und wartete, bis ich mit einem Telefonat fertig war. »Das Auto ist etwas beschädigt.« Eine Baustelle war offenbar im Wege gewesen, besser gesagt, ein Kran, der nicht Platz gemacht hatte.

Der Augenarzt diagnostizierte eine Einschränkung des räumlichen Sehens. Nun sollte er auch nicht mehr Auto fahren, er, der immer gefahren ist wie ein Gott. Ganz streng haben wir uns nicht daran gehalten, aber in die Stadt, nach München, musste ich leider ans Steuer. Er litt darunter. Ich auch.

In seinen Aufzeichnungen fand ich folgende kleine Geschichte, die mich im Nachhinein noch sehr berührt:

»Fahr langsam, die Welt ist so schön«

Wenn meine Frau in die Stadt fährt, verabschiede ich mich ausführlich von ihr: man weiß nicht, wie man sich und ob man sich wiedersieht.

Gestern fuhr sie auch ab, ich öffnete ihr die verschiedenen Tore, sie fuhr an mir vorbei, ich schloss enttäuscht die Türen und hörte sie draußen zweimal hupen.

Ich reagierte nicht darauf. Nach 5 Minuten stand sie auf einmal wieder vor mir, sagte, sie hätte etwas vergessen, nahm mich in die Arme und verabschiedete sich ihrerseits ausgiebig.

Ein glücklicher Mann blieb zurück.

24–1–81

»Fahr langsam, die Welt ist so schön«

Eines Morgens saß er schon im Auto auf dem Fahrersitz, als ich dazukam. Es schmerzt mich heute noch, wenn ich daran denke, dass ich ihn bitten musste, auf den Beifahrersitz zu gehen. Wenn wir dann wieder zu Hause angekommen waren, bedankte er sich lieb bei mir, seiner Fahrerin.

Das Leben ging weiter, für Heinz mit einem schweren und einigen leichteren operativen Eingriffen. Die Jahre forderten ihren Tribut, aber sein Lebensmut war ungebrochen.

Genau so, wie er sein Flugzeug immer peinlichst »in Schuss« gehalten hat, verhielt er sich auch allen notwendigen körperlichen Behandlungen gegenüber. Da war etwas nicht in Ordnung? Also musste man es einer Korrektur unterziehen. Selbst seine Ärzte bewunderten diese Einstellung und seine Leidensfähigkeit. Auch zum Zahnarzt ging er ohne Klagen, und das will ja wohl etwas heißen.

Die Nachtschwester im Klinikum Großhadern berichtete mir, wie sich sein Unterbewusstsein zur Wehr setzte, als man ihm »Gewalt« antun musste durch eine große, schwere Operation, die er fast nicht überlebt hat. Unter der Nachwirkung der Narkose hätte er zu ihr gesagt: »Ich weiß, Sie wollen mich umbringen, aber das wird Ihnen nicht gelingen, dazu sind Sie viel zu dumm.«

Die Schwestern in der Intensivstation wissen, wie sie solche Ausfälle der Patienten während des Erwachens aus der Anästhesie zu bewerten haben. Im Wachzustand war er ein unglaublich geduldiger, vorbildlicher Patient. Seine Ärzte wurden seine Freunde. Ihr Einsatz, ihre Zuwendung

»Fahr langsam, die Welt ist so schön«

verlängerte sein Leben. Bis zum heutigen Tage empfinde ich unendlich Dankbarkeit ihnen gegenüber.

»Fahr langsam, die Welt ist so schön.« Das sagte Heinz zu mir, als wir aus der Klinik nach Hause fuhren. Dieser Satz machte mich sehr glücklich. Endlich ging es aufwärts, endlich, nach langen, bangen Stunden äußerte er wieder Lebensfreude und Hoffnung. Es war Frühling, wir fuhren durch junges Grün, vorbei an blühenden Rapsfeldern unserem Heim entgegen.

Er schreibt in einem Brief:

Die Intensivstation wollte mich gar nicht mehr hergeben, es sah in den ersten Tagen nicht sehr berühmt aus mit mir, aber das wusste ich nicht. Meine Frau kam an manchen Tagen 2–3 Mal vorbei, aber ich war nicht ansprechbar. Ich schlief und schlief, konnte oder wollte nicht aufwachen. Nachts die Albträume: der Spiegel an der Wand gegenüber war mein Feind, er war voller Bilder, die mich bedrohten. Erst gegen Morgen fand ich Ruhe und wusste beim Aufwachen nicht, wo ich war. Endlich war es so weit, ich durfte nach Hause. Großer, herzlicher Abschied von allen. Auf stillen Wegen durch den Keller verließen wir die Klinik. Ich schmiegte mich in meine Decke im Wagen neben meiner Frau und sah verwundert auf den Straßen Menschen gehen, es hatte sich scheinbar nichts verändert. Wissen Sie, wie das ist, nach einer langen Narkose wieder da zu sein? Ein neues Leben beginnt, man ist still und träumt mit offenen Augen. Man kann kein Buch nehmen und lesen. Man muss denken. Man ist wieder da. Und ist sehr erstaunt …

Der neunzigste Geburtstag

Heinz erlebte seinen neunzigsten Geburtstag im Jahr 1992 in noch einigermaßen guter Verfassung. Natürlich musste dieser Tag groß gefeiert werden. Die Trebitsch-Produktion arrangierte eine Veranstaltung, die auch als Eurovision im Fernsehen übertragen wurde. Die Festlichkeit fand auf der Bühne des Prinzregententheaters in München vor geladenen Gästen statt. Außer dem ZDF waren österreichische und schweizerische Fernsehanstalten zugeschaltet.

Zuerst sah das Publikum Ausschnitte aus verschiedenen Rühmann-Filmen. Paulchen Kuhn machte die Musik dazu. Dann trat der damals so populäre und beliebte Showmaster Hans Joachim Kulenkampff auf, der als Moderator engagiert war. Er begrüßte die Zuschauer und meinte, es sei so viel Prominenz da, so viele Kollegen, dass man Verständnis dafür haben solle, wenn er nicht jeden Einzelnen mit Namen nennen könne. Das würde eine gute Stunde dauern und dann wären die Sendezeit und der Abend zu Ende.

Beifälliger Applaus antwortete ihm. Auch die Herrschaften in der ersten Reihe schienen einverstanden. Es handelte sich um den Bundeskanzler Helmut Kohl, die Ministerpräsidenten Johannes Rau und Max Streibl mit ihren Damen und die Spitzen von Presse, Fernsehen und Rund-

Der neunzigste Geburtstag

funk. Aber ich darf nicht in den Fehler verfallen, den Herr Kulenkampff zu vermeiden verstand. Ich hatte bei den Einladungen mit meinen Vorschlägen an Freunde und Weggefährten meines Mannes gedacht, an unsere Verwandten – sie waren natürlich auch da –, jedoch wurde es mehr und mehr ein offizieller Rahmen nach den Intentionen der Veranstalter. Noch nach Jahren schleuderte mir ein Vertreter der Medienbranche seine Enttäuschung ins Gesicht, weil er nicht eingeladen worden war. Aber da konnte ich wirklich meine Hände in Unschuld waschen, darauf hatte ich keinen Einfluss. Bei den von mir Vorgeschlagenen wäre er allerdings auch nicht dabei gewesen.

Der erste Film, in dem Heinz Rühmann 1926 die Hauptrolle spielte, war stumm und hieß *Das deutsche Mutterherz*. Daraus wurde ein Ausschnitt gezeigt. Ein langer, begeisterter Applaus begrüßte Heinz, als er – von Herrn Everding in seiner bewährt charmanten Art angekündigt – auf die Bühne heraustrat. Ich musste mich partout mit ihm zusammen dort in eine Art Loge setzen. Vorher hatte ich noch nie auf einer Bühne gestanden oder gesessen und mich sehr dagegen gewehrt, aber es half nichts, und schließlich musste ich einsehen, dass Heinz sich so besser fühlte. Ich habe auch den Verdacht, dass er bei der Regie heimlich darauf bestanden hat.

Er sah sehr gut aus an jenem Abend mit seinen weißen Haaren und war froh gestimmt, auch wenn es anstrengend für ihn war mit seinen neunzig Jahren. »Europa schaut zu«, sagte August Everding in seiner Ansprache »alle Freunde und alle Kritiker … Auch durch Lachen wird die Welt verändert«, meinte er am Schluss seiner langen, geist-

Der neunzigste Geburtstag

vollen Rede. Ich bin sicher, es machte ihm Freude, Rühmann in diesem Theater zu ehren, das durch seine, Everdings, Initiative in seiner ursprünglichen Form wiedererstanden ist.

Unser aller geliebtes Duo, Loriot und Evelyn Hamann, traten in einem Sketch auf, von dem ich eingestehen muss, dass ich ihn an dieser Stelle nicht wiedergeben kann. Niemand kann das. Es war eben einmalig an Witz und Geistesblitz.

Anhand seiner Erfahrung in der eigenen Familie, mit besonderer Betonung auf der weiblichen Seite, stellte »Kuli« fest, dass fünf Generationen für Heinz Rühmann schwärmten. In baldiger Erwartung einer Urenkelin würden es dann mit Sicherheit sechs Generationen sein!

Max Schmeling trat auf die Bühne und hielt eine richtige kleine Rede an Heinz. Er betonte, zwar auch einmal Weltmeister gewesen zu sein, nannte Heinz den »Weltmeister der Freude« und überreichte ihm ein Paar seiner alten Boxhandschuhe – zerschlissen und mit Löchern. Im Filmmuseum in Berlin kann man sie, wie auch Rühmanns zwölf Bambis, noch bewundern.

Der Theaterdirektor, Regisseur und Schauspieler Willy Millowitsch aus Köln schenkte seinem Kollegen eine Flasche Armagnac, einen Cognac aus dem Jahre 1902, Heinzens Geburtsjahr. Sie steht immer noch ungeöffnet im Regal. Wir wollten sie mit Herrn Millowitsch zusammen öffnen. Es kam nicht mehr dazu. Wer hat das Herz, sie jetzt auszutrinken?

Peter Alexander sang ein eigens für diesen Abend verfasstes Couplet. Oleg Popov, der russische Clown, mit dem

Der neunzigste Geburtstag

80/81 Bambisieger Rühmann. – Max Schmelings Geschenk zum 90. Geburtstag von Heinz Rühmann: Die Boxhandschuhe des Weltmeisters (rechte Seite)

Heinz einst zusammen im Circus Krone in München für eine Wohltätigkeitsveranstaltung aufgetreten war, konnte nicht persönlich erscheinen. Er war auf dem Bildschirm zu sehen und spielte die kleine Clown-Szene von damals, »Sonne für Alle«, für Heinz nach und wünschte ihm in seiner Sprache, es solle ihm »immer warm ums Herz« sein. Welch ein Wunsch!

Dann wurden anrührende oder komische Szenen mit Heinz und anwesenden Partnern oder Partnerinnen auf dem Bildschirm vorgeführt. So zum Beispiel aus *Balthasar im Stau*, einer neueren Trebitsch-Produktion mit Cornelia Froboess, und aus einer älteren, dem *Hauptmann von Köpenick*, die Szene mit dem kranken Mädchen, gespielt von der damals noch jungen Edith Hancke. Ziemlich am Ende zeigte man die Schlussszene aus dem *Braven Soldat Schwejk*, dem sein Zahlenmarathon vor der Erschießung das Leben rettet: Der Krieg ist aus. »Was Sie nicht sagen«, meint Schwejk und reißt sich die Binde von den Augen, »weiß man beiläufig, wer gewonnen hat?« Großer Jubel im Publikum des Prinzregententheaters.

Ganz entzückend fand ich es, dass eine ganze Reihe ehemaliger Filmpartnerinnen von Heinz auf die Bühne kamen, um ihm zu gratulieren. Lilo Pulver war dabei, Senta Berger, Gertraud Jesserer, Edith Hancke, Loni von Friedl, Johanna Matz, Sonja Ziemann, Bruni Löbel, Cornelia Froboess. Bitte, bitte um Verzeihung, wenn mein alter Kopf eine der reizenden Damen vergessen haben sollte.

Auch Heinz erschien auf dem Bildschirm mit seinem Clownshütchen. Seine grüne Samtjacke, die ich ihm einst schenkte, hatte er an. Er stand in einer Zirkus-Kulisse und sprach sein Clown-Lied. Es war sehr ergreifend. Ich hatte darum gekämpft, dass er an diesem Abend nicht auftreten musste, was ursprünglich vorgesehen war, und dass man diese Szenen aufzeichnete. Auch so verfehlte das rührende kleine Lied aus seinem Munde die Wirkung nicht.

Alle Mitwirkenden kamen auf die Bühne, auch unser lieber und verehrter Gyula Trebitsch hatte sich dazu gesellt. Sie alle und das Publikum sangen für

82 *Traumpartner im Circus Krone 1980 bei »Stars in der Manege«: Mit Clown Oleg Popov*

den Jubilar »Happy birthday« und »Zum Geburtstag viel Glück«.

Alle Gäste im Zuschauerraum hatten sich erhoben, und der Applaus nahm kein Ende – bis Heinz vortrat, um noch etwas zu sagen. Er bedankte sich bei allen, die diesen Abend für ihn so wundervoll gestaltet, ihm so viel Freude bereitet hatten. Und dann, zum Publikum gewandt: »Nehmen Sie sich am 7. März 1997 nichts vor. Dann sehen wir uns wieder.«

Im Lauf der Jahre hatte Heinz das Feiern gelernt, sowohl im kleinen als auch im großen Kreis. Das heißt, er bekam Freude daran. Das machte es mir leichter, auch in unserem Haus ab und zu private Feste und Einladungen zu arran-

Der neunzigste Geburtstag

gieren. Trotzdem, spät durfte es nicht werden, das hielt er nicht mehr durch. Jetzt, in meinem Alter, kann ich das nachempfinden.

In München ging eine Story um: Bei einer solchen Einladung hörte eine Dame, wie er leise seinen Hund Arpad tröstete: »Es dauert nun nicht mehr lange, Hundi, die werden ja bald gehen.« Der Trost galt vor allem ihm selbst.

Gäste zu empfangen und zu bewirten macht Freude, aber natürlich auch Arbeit und Vorbereitungen. Dabei konnte ich mit seiner Unterstützung nicht rechnen. Es gefiel ihm gar nicht, wenn ich an solchen Tagen nicht in dem Maße für ihn da war wie sonst. Mit kleinen Störmanövern versuchte er, mich von meinem Tun abzulenken. Ich kannte das und fasste es gewissermaßen als Kompliment auf.

Viel Zeit zum Feiern blieb uns ohnehin nicht mehr. Nach dem neunzigsten Geburtstag ließ Heinzens Lebenskraft sichtlich nach. Mitten in der großen Arbeit, sich für die unzähligen Geschenke und Glückwünsche zu bedanken, klagte er plötzlich über Leibschmerzen. Es war ernst und schon lag er wieder auf dem Operationstisch. Nach langem, bangem Warten im Krankenhaus kam endlich der Professor zu mir, um zu berichten.

Wieder einmal war ein komplizierter Eingriff nötig gewesen, verbunden mit einer langen Narkose. Trotz aller Geheimhaltung war etwas von seiner Erkrankung an die Öffentlichkeit gelangt. Die Presse bedrängte mich. Es ging so weit, dass ein Reporter mir auflauerte und mir folgte, als ich zu meinem Mann ins Krankenhaus fuhr. Er muss mir bis zu Heinzens Krankenzimmer nachgegangen sein.

Der neunzigste Geburtstag

Obwohl ein falscher Name an der Tür angebracht war, stand er plötzlich vor Heinzens Bett. Das war sehr rücksichtslos, fand ich, und seine Ärzte und Pfleger waren entsetzt. Der arme, hilflos diesem Überfall ausgelieferte Patient natürlich nicht minder. Langsam verstand ich, weshalb der Rühmann so pressescheu geworden war.

Die Operation war gelungen, und er konnte bald wieder nach Hause, aber entsprechend seinem Alter dauerte es lange, bis er sich einigermaßen erholte. In diese Zeit fiel das Angebot von Wim Wenders, in seinem neuen Film mitzuspielen. Diese Arbeit war für ihn nicht leicht. Heinz litt darunter, dass alles nicht mehr so flott ging, wie er es von sich gewohnt war.

Es ergaben sich einige Tage Drehpause, und diese Zeit benutzten wir, um von Berlin aus nach unserem geliebten Sylt zu fahren. Es war das letzte Mal und es gefiel uns auch nicht mehr. Wir waren einige Jahre nicht dort gewesen und fanden die Insel verändert. Lag es an uns? Vielleicht.

Letzte Rollen

Mein Mann trug die Tagesereignisse in einen kleinen *rido mini planer* ein. Tag für Tag stand eine schmale Zeile zur Verfügung. In seiner kleinen Schrift reichte der Platz nur für Stichworte, aber erstaunlich viel brachte er da unter. Man muss gute Augen haben, um das alles ohne Brille zu lesen. Man muss aber auch gute Augen haben, um so fein zu schreiben. Die hatte er. Bis ins hohe Alter trug er eine Brille nur beim Autofahren und zum Fliegen. Allerdings musste er schließlich doch am grauen Star operiert werden.

Ich saß mit Bangen in dem Krankenhauszimmer, in das er nach der Operation kommen sollte. Nach gar nicht langer Zeit wurde er hereingerollt. Das erste, was ich von ihm vernahm, war: »Ich habe Hunger.« Ich war sprachlos, aber natürlich auch recht erleichtert. Es war noch früh am Tag und die Schwester brachte ihm das Frühstück. In den zwanzig Jahren, die wir verheiratet waren, hatte er noch nie morgens zwei Semmeln gegessen. Damals tat er es. Mit dick Butter und Marmelade. Das steht ausnahmsweise nicht im *rido planer*, aber es ist mir unvergesslich. Es war ihm ja wohl auch lästig, mit einem verbundenen Auge im Bett zu schreiben.

Dafür ist es erstaunlich, wie treu und brav er alles, was er tat, was geschah, in Stichworten vermerkte. Sechzehn

Letzte Rollen

Jahre lang – sechzehn Heftchen gibt es. Vieles wiederholt sich: »schwimmen – spazieren mit Arpad (Hund) – sehr kalt, viel Schnee – große Hitze – Stadttag – einkaufen – Besprechung mit ... – Interviews – Telefonate – Einladung bei ...« – Reisen, An- und Abflüge mit genauer Uhrzeit und Flugzeugtyp. Minuziös auch Flüge mit seinem Sportflugzeug nach Hamburg, nach Paris, nach Zürich und wie lange er gebraucht hat. Dann »erster, zweiter, dritter Drehtag« und so fort. »Manni tot« steht da. Das war der Tag, an dem sein Bruder gestorben war. Mehr nicht. Trotz aller Sachlichkeit und Kürze liest man doch auch seine Gemütsbewegungen, Freude, Unwillen, Trauer, Bedauern oder Unwohlsein, heraus.

Die kargen Notizen füllen sich mit Leben, wenn man ihn kannte. Ganz schwindlig wird einem, wenn man liest, was noch alles nach seinem achtzigsten Geburtstag los war. Ich habe Tag für Tag mit ihm gelebt und kann es rückschauend kaum fassen, was er trotz dieses Alters geleistet hat, wie voll gepackt die Tage, Wochen, das ganze Jahr waren.

In diesem Jahr 1982 gab es eine Rolle für Heinz, die er sichtlich genoss. Er musste einen Pariser Bankier darstellen, einen reichen und vornehmen älteren Herrn, der in seinem Palais an der Place Vendôme wohnt. Er hat keinen familiären Anhang mehr, lebt allein. Von dem aktiven Bankgeschäft hat er sich zurückgezogen. Er beschäftigt eine Hausdame, einen Koch und einen Chauffeur. Die Hausdame steht dem Haushalt vor, bedient aber auch ihren Herrn persönlich. Sie bringt ihm seinen Morgentee ans

83 *»Es gibt noch Haselnusssträucher« von Katharina Trebitsch*

Letzte Rollen

Letzte Rollen

Letzte Rollen

Bett, hilft ihm beim Ankleiden, abends zieht sie ihm die Schuhe aus und versorgt seine Anzüge. Alles vollzieht sich sehr distinguiert und mit Abstand bei aller Vertrautheit zwischen der Hausdame und dem alten Herrn.

Der Fernsehfilm heißt *Es gibt noch Haselnusssträucher* und wurde in Paris gedreht. Für einige Szenen hatte man ein kleines, sehr luxuriös eingerichtetes Palais gemietet.

Heinz spielt diese Rolle so, als würde er sich in diese Person, in ein Leben hinein träumen, das er nie gelebt hat, dem aber vielleicht eine heimliche Sehnsucht gegolten hat.

An Großmannssucht litt er allerdings überhaupt nicht. Gemessen an dem, was er erarbeitet und erreicht hat, war er im alltäglichen Leben am liebsten bescheiden. Von seiner Mutter wurde er notgedrungen dazu erzogen. Dazu fällt mir eine Geschichte ein, die er des Öfteren erzählte. Seine gütige, verständnisvolle Mutter hatte ihn geohrfeigt, als sie erfuhr, dass er einem Straßenbahnschaffner einen Pfennig Trinkgeld gegeben hatte. Man fragt sich, weshalb sie so überreagierte. Sicher drückte sie große Not, in die sie mit ihren drei Kindern durch ihren leichtlebigen, großspurigen Ehemann geraten war. Wollte sie bei ihrem Sohn jene mögliche Anlage, die er vom Vater geerbt haben könnte, im Keim ersticken? Wie auch immer es sich verhielt, Heinz hat dieses Kindheitserlebnis geprägt, keine Frage.

Gestern Abend, am 21. Juni 2004, notierte ich ein Stichwort auf meinem kleinen Notizblock: Dresden. Heute

84 Zwei Freunde und Partner: Guyla Trebitsch und Heinz Rühmann

Letzte Rollen

Früh in den Nachrichten hörte ich, dass der Wiederaufbau der Frauenkirche in Dresden nun vollendet sei.

Solche unerklärlichen Duplizitäten von Gedanken und Vorkommnissen passieren mir öfter. Für heute, den 22., hatte ich mir vorgenommen, von unserem Besuch in Dresden kurz nach der Wende zu berichten.

Heinz musste aus beruflichen Gründen hin. Es war nach der Wiedervereinigung das erste Mal, dass wir in eine Stadt der ehemaligen DDR fuhren. Dresden ist nun wirklich nicht irgendeine Stadt hüben oder drüben. Wie meist, bevorzugten wir, mit dem Flugzeug hinzureisen. Am dortigen Flughafen nahmen wir ein Taxi. Wir fuhren an durchwegs ergrauten Häuserfassaden vorbei, die zum Teil noch Spuren des furchtbaren Fliegerangriffs in der Nacht vom 13. auf den 14. Februar 1945 aufwiesen. So taktvoll wie möglich erkundigte ich mich bei dem Fahrer, ob es denn wirklich in den zurückliegenden Jahren keine Möglichkeit gegeben habe, die Fassaden auszubessern und neu zu streichen. Seine Antwort kam kurz und bündig: »Nein.«

Aus unserem Hotelfenster sah ich dann direkt auf die Ruine der Frauenkirche. Sie wurde Stück für Stück abgetragen, und die Bausteine lagen katalogisiert auf dem umgebenden leeren Platz am Boden. Man hatte gerade mit der Arbeit begonnen. Heute steht sie da – ich sah es im Fernsehen – mit der kupfernen Turmhaube und dem Strahlenkreuz darauf, zum großen Teil oder gänzlich eine Stiftung der Briten. Es waren englische Fliegerbomben, die damals in den letzten Monaten des Zweiten Weltkrieges die Stadt zerstörten, wobei 250 000 Menschen den Tod fanden.

176

Letzte Rollen

Während unseres Aufenthaltes lief ich mit einem Kloß im Hals in Dresden herum. Dort waren die Narben dieses schrecklichen Krieges noch so präsent, alte Wunden rissen auf. Und doch zählt unser Aufenthalt in dieser Stadt zu meinen ergreifendsten, unvergesslichen Erinnerungen.

Es war nicht nur der Zwinger, die Semperoper, einiges, was von der einmaligen barocken Stadt noch übrig oder restauriert war – es waren die Menschen. Diese Herzlichkeit, diese Freude, der wir überall begegneten!

Ein Empfang im Rathaus war vorgesehen. Eine nicht ungewöhnliche Pflichtübung? Da hatten wir uns aber getäuscht. Vor dem Rathaus war ein leerer Platz, wo früher, vor der Zerstörung, ein ganzes Stadtviertel stand. Er war voller Menschen. Sie alle warteten auf Heinz Rühmann mit Blumensträußen, mit Autogrammwünschen. Er wurde umringt und – er kapitulierte in seiner scheuen Art vor so viel Liebesbezeugungen.

Ein junger, sehr gut aussehender Mann nahm mich am Arm und führte mich die Stufen zum Rathaus hinauf, heraus aus der Menge. Ich wollte mich gerade für seine Hilfsbereitschaft bedanken, als wir oben waren, da stellte er sich als Oberbürgermeister der Stadt vor.

Es dauerte eine ganze Weile, bis mein Mann auch in der Empfangshalle des Rathauses erschien. Eine Schultafel hing an der Wand, und wir mussten uns in eine Schulbank setzen. Zum Glück waren wir beide nicht zu dick dazu. Diese Bank hatten sie aus dem Fundus des Filmateliers in Babelsberg geholt, wo seinerzeit die *Feuerzangenbowle* gedreht wurde. Es war das Original aus der Klassenszene des 1943/44 gedrehten Films.

Letzte Rollen

85 Einer seiner treuesten Weggefährten: Im Gespräch mit Dr. Manfred Barthel

Der Oberbürgermeister begrüßte uns und hielt eine ehrende Ansprache. Sein Stadtrat und viele Honoratioren Dresdens waren anwesend. Ich konnte nicht anders, ich zwängte mich aus der Schulbank – wie sie heute auch nicht mehr gebräuchlich ist – und malte mit der Kreide, die da lag, ein »Danke« auf die Tafel. Ein Danke für so vieles, was mich im Herzen bewegte in dieser Stunde. Ein Danke an Dresden.

Dem Ende zu

Unser Hund Arpad feierte seinen sechzehnten Geburtstag. Auf seinem Gabentisch lag ein gebratenes Hähnchen, das er, sorgfältig ausgelöst, dann auch mit Appetit verspeiste. Mit sieben Wochen hatten wir ihn bekommen. Arpad heißt er nach dem Fürsten, der die magyarischen Stämme 700–800 Jahre nach Chr. einigte. »Arpad macht in jeder Weise seinem fürstlichen Namen Ehre. Er ist wirklich hochwohlgeboren: nämlich im sechsten Stock auf einem Dachgarten in Wien, fast genau unter der Kuppel des Domes zu St. Stephan«, schreibt mein Mann über sein geliebtes Hundevieh. Und dann weiter: »Arpad und ich reisten per Flugzeug von Wien nach München. Ein zitterndes Schwarzes, das nicht aus seiner Hundetasche hinaus sehen wollte. Das erste jedoch, was er nach der Landung tat: Er leckte meiner Frau zur Begrüßung die Hand. Eine Art k.u.k. Hirtenhund-Handkuss.«

Jetzt merkte man, seine Zeit war um. Das war sehr schmerzlich, wie jeder verstehen wird. Er verkroch sich im Gebüsch, wollte auch bei schlechtem Wetter nicht ins Haus und eines Morgens schrie er laut. Er hatte starke Schmerzen. Ich raste mit ihm zu unserem Tierarzt, der schon seit Jahrzehnten meine Tiere betreute. »Nein, Frau Rühmann, nein – jetzt müssen wir den guten alten Arpad

Dem Ende zu

erlösen, damit er nicht noch mehr leidet, und das ist mit Sicherheit abzusehen.«

Wir betteten ihn auf sein Schaffell, das ich mit hatte und worauf er jahrelang schlief. Er ließ sich streicheln und kraulen und lag so vertrauensvoll da unter meinen Händen. Dann gab ihm der Arzt eine Schlafspritze und als er ganz fest schlief, bekam er diese Spritze, die ihn in den Hundehimmel beförderte, zu seinen Vorfahren, zu seinem Vater, dem schönen Weltchampion aller ungarischen Hirtenhunde, der in Budapest zu Hause gewesen war.

»Fahren Sie nun heim«, sagte der liebe Doktor zu mir, nachdem er mir Trost zugesprochen hatte. Ich fuhr nicht gleich nach Hause. Ich ging in ein Spielwarengeschäft und kaufte ganz viel schönes Spielzeug für meine drei kleinen Enkel. So etwas musste ich tun. Eine Freude musste her gegen den lähmenden Schmerz.

Gleich wieder einen anderen Hund? Das konnten wir nicht. Zu sehr war dieses Tier ein Teil von meinem Mann und mir gewesen. »Arpad war das menschlichste aller Tiere meines Lebens«, so empfand es mein Mann.

Ungefähr zwei Jahre lebten wir ohne Hund. Eines Tages besuchten wir eine Freundin. Sie besaß eine zarte, blonde langhaarige Hündin. Sie war auch ein Hütehund, aber ein irischer. Die Hündin widmete sich zärtlich meinem Mann. »Wenn die mal Junge hat, dann nehmen wir einen Welpen«, wurde beschlossen. Lange geschah nichts. Unsere Freundin schaute nach einem passenden Rüden aus. Sie fand auch einen, aber die Braut verweigerte sich ihm. Dann kam ein Anruf: »Meine Pia ist trächtig. Vater unbekannt.« Ich freute mich schon sehr darauf, wieder einen

Dem Ende zu

Hund im Haus zu haben. »Also kein Rassehund, aber es wird ja nicht gerade ein hochbeiniger, rabenschwarzer mit einem Ringelschwanz sein.« So harrten wir der Dinge.

Es waren sieben. Alle kohlrabenschwarz, das Übrige kam dann später noch zum Vorschein. Dazu ein sehr wildes Temperament. Unsere Freundin tat mir Leid. Sie jammerte sehr. Sieben Welpen und wenig Platz in einem kleinen Haus. – Ich holte einfach gleich zwei nach sieben Wochen. Die kleinen Hunde – Bub und Mädchen – waren natürlich sehr unglücklich, zerfetzten und zerbissen alles, waren aber dabei so putzig und niedlich, dass man ihnen nicht böse sein konnte. Wenige Tage nach ihrer Ankunft, in einer eisigen, verschneiten Nacht, waren sie plötzlich weg. Ich rief überall in der Umgebung an und schließlich die Polizei. Niemand hatte sie gesichtet, auch bei ihrer Mama und den Geschwistern waren sie nicht angekommen. Also würden sie erfrieren …

Verzweifelt lief ich in dunkler Nacht alle umliegenden Straßen ab. Vergebens. Kurz bevor ich mich entschloss aufzugeben, schaute ich noch einmal zur Haustür hinaus, ohne jede Hoffnung. Zwei schwarze, hechelnde Hündchen standen hinter dem Gitter des Gartenhäuschens und begehrten Einlass. Das sind Momente des Glücks!

Aber wie fanden sie zurück? Sie waren im Kofferraum angekommen und in den ersten Tagen noch nie aus dem Haus, auf der Straße gewesen. Nur im Garten in einem extra für sie eingezäunten Teil.

Mein Mann akzeptierte sie, machte sich aber so seine Gedanken, wie das weitergehen sollte. Mit Recht. Ich hatte mir nicht überlegt, wie das ist, gleich zwei jungen Hunden

181

Dem Ende zu

die nötige Erziehung angedeihen zu lassen. Wer von beiden war es, wenn wieder ein Bächlein auf dem Parkett lag? Und dann noch ein Pärchen! In einigen Monaten würden sie geschlechtsreif sein. Diese Einsichten kamen spät, jedoch noch rechtzeitig.

Corry kam zu netten Leuten, Anatol blieb bei uns. Er war ein reizender Hund, wurde groß, aber in seinem Wesen so anders, als wir es gewöhnt waren. Mit seinen langen Beinen konnte er um ein Haar ein Reh einholen. In unserer Nachbarschaft gibt es einen Pferdehof. Sobald sich ein Reiter am Horizont zeigte, wetzte er über alle Zäune und attackierte Pferd und Reiter. Das ging natürlich nicht. Ich gab ihn in eine Hundeschule.

Nach einigen Wochen brachte sein Trainer ihn zurück. Wir gingen zusammen über die Wiese, Anatol brav bei Fuß. Als Pferd und Reiter vorbeikamen, schaute er nicht einmal auf. Goldene Zeiten schienen angebrochen zu sein. Sie dauerten genau so lange, bis der Hundeführer das Schulgeld kassiert hatte und aus dem Haus war.

Gestern kam ich aus Berlin zurück. Es verbindet mich einiges mit dieser Stadt und ich suche und finde immer wieder einmal Gründe, ein paar Tage dort zu verbringen. Nie kehre ich zurück, wie kurz mein Aufenthalt auch war, ohne am Gendarmenmarkt gewesen zu sein. Dort stehe ich an einer bestimmten Straßenecke und sehe im Geiste ein altes Taxi aus der Vorkriegszeit herankommen. Am Steuer sitzt mein Mann. Hinter ihm fährt der Aufnahmewagen. Die letzte, die allerletzte Szene seines langen Filmschauspielerlebens wurde dort gedreht.

86 »Du schaffst deine letzte Rolle!«

Es war im Jahr 1993. Als Wim Wenders einige Zeit zuvor Heinz diese Rolle des alten Berliner Taxifahrers in seinem Film *Der Himmel über Berlin* anbot, war er nicht sicher, dass mein Mann dieser Aufgabe gewachsen sein würde. Er war gesundheitlich in keiner sehr guten Verfassung. Bei einem Berliner Taxifahrer handelte sich aber um seine Traumrolle, schon lange wollte er diese Figur spielen. Nun bot man sie ihm an, und es war, als würde er all seine Kräfte mobilisieren, um dafür gesund zu sein. Wim Wenders ist ein Filmemacher von ganz besonderer Art. Heinz hatte großes Vertrauen zu ihm.

87 Folgende Doppelseite: Otto Sander hoch oben auf der Siegessäule unter dem »Himmel über Berlin« – mit Widmung von Wim Wenders

Dem Ende zu

Dem Ende zu

1993

Dem Ende zu

Dem Ende zu

Natürlich wurde der Film in Berlin gedreht. Es war für alle Beteiligten nicht einfach. Heinz meinte manches Mal, es nicht zu schaffen. Dann musste man ihm gut zureden, ihm Mut machen. Wim Wenders musste mit dem hinfälligen einundneunzigjährigen Schauspieler viel Geduld, Verständnis und Zuwendung aufbringen. Er tat es in bewundernswerter Weise.

Am letzten Drehtag lud Heinz die ganze Crew zum Abendessen in eine typische alte Berliner Kneipe. Aus einem knarzigen Plattenspieler tönten alte Schlager. Eine sehr gemischte Gesellschaft saß um den langen Tisch: Ossis, Wessis, Amis, Junge, Alte und Verliebte.

Otto Sander kam auf die Idee, jeden von uns das Wort »Meerrettich« auf Zettel, die er verteilte, schreiben zu lassen und ihm eingerollt zu übergeben. Nur zwei hatten das Wort richtig geschrieben: das älteste Ehepaar. Wir hatten aber nicht voneinander abgeschaut!

Wim war sehr guter Dinge und verstand sich gut mit einer Regieassistentin, die er bald darauf heiratete. Mir dankte er beim Abschied für meine Kooperation bei der Arbeit am Film und darauf bin ich heute noch stolz.

In unserem Gartenteich stehen prachtvolle Rohrkolben. Wim Wenders bewunderte sie bei einem Besuch bei uns. Als wir für die Filmaufnahmen unser Hotelzimmer in Berlin bezogen, stand ein Gesteck mit Rohrkolben zur Begrüßung da. Auch das ist Wim Wenders!

88 *Zweimal Heinz (Fotomontage)*

Der Abschied

Vor diesem Kapitel, das jetzt geschrieben werden muss, drücke ich mich seit Tagen. Es war schön, aus meinem Leben mit Heinz Rühmann zu erzählen. So vieles wurde wieder lebendig und umgab mich mit stiller Freude.

Nun muss die Zeit, müssen die Stunden des Abschiednehmens noch einmal durchlebt werden.

Seinen fünfundneunzigsten Geburtstag, zu dessen Feier er an seinem neunzigsten alle Anwesenden im Theater eingeladen hatte – »Nehmen Sie sich am 7. März 1997 nichts vor …« –, erlebte Heinz nicht mehr. Er verließ uns am 3. Oktober 1994 mit zweiundneunzig Jahren. Ich war darauf vorbereitet, dass er nicht mehr lange zu leben hatte. Täglich wurde er schwächer. Trotzdem ging er noch bis kurz vor seinem Tode jeden Morgen die Treppe zu unserem Schwimmbad hinunter. Wenn er wieder heraufkam, musste ich ihn stützen.

Er ging immer schwerer, und als meine Kräfte nicht mehr ausreichten, gelang es mir, einen jungen Pfleger zu engagieren, der jeden Tag für ein bis zwei Stunden ins Haus kam und mir half. Immer öfter jedoch blieb Heinz in seinem Bett liegen. Nur zu den Mahlzeiten stand er bis zuletzt auf. Wir servierten ihm dann das Wenige, das er noch essen wollte – Pudding und Rote Grütze zum Beispiel –,

Der Abschied

an einem Tischchen im Schlafzimmer oder bei schönem Herbstwetter auf dem Balkon.

Dabei geschah einmal etwas Widerwärtiges: Man versuchte, ihn mit Hilfe eines Teleobjektivs von der dem Haus gegenüberliegenden Wiese aus zu fotografieren. Ich war außer mir über so viel Unverfrorenheit. Heinz nahm nur still sein Suppentässchen und ging zurück ins Zimmer. Das war nun die Freude an einem der letzten schönen Herbsttage seines Lebens. Er konnte damals schon nicht mehr gut gehen, aber er gab sich nicht auf. Mithilfe seines Gehwägelchens übte er täglich. »Ich kann doch sonst meinen Beruf nicht mehr ausüben«, meinte er tapfer und voller Zuversicht.

Als es ihm dann schon sehr schlecht ging, postierte sich ein Reporter in seinem Auto auf der Straße vor unserem Haus und lag auf der Lauer. Schlimmer noch, er fing mich ab und bot mir eine unglaubliche Summe Geld an, wenn ich es ihm ermöglichen würde, Heinz Rühmann zu fotografieren – er würde von seinen Auftraggebern gut dafür bezahlt.

Man wird mir meine Empörung, meine Verzweiflung über so viel Frechheit und Taktlosigkeit nachfühlen können. Was ist das für eine Welt!

Ich wandte mich an unseren Pfarrer. Er brachte mir viel Verständnis entgegen, zumal nach dem, was ich Hässliches erleben musste. Er half mir in einer Art und Weise, für die ich ihm immer dankbar sein werde.

Am Morgen des 3. Oktober, einem Feiertag, trat ich zu meinem Mann ans Bett, als ich merkte, dass er aufwachte. Er wollte etwas sagen, aber er konnte nur flüstern, ich

Der Abschied

konnte ihn beim besten Willen nicht verstehen. Heute noch bedrückt mich das. Tröstlich ist es, dass er dabei lächelte und einen fast glücklichen Gesichtsausdruck hatte. Dann verfiel er in eine Art Koma, wachte nicht mehr richtig auf. Gegen Abend schaute unsere hiesige Hausärztin nach ihm.

Sie half mir, sein Nachthemd zu wechseln, was ihm sichtlich unangenehm war. Wir wussten beide nicht, dass es auch unsinnig war.

Begierig trank er den Früchtetee, den ich ihm teelöffelchenweise einflößte. Wenn er nur immerfort davon getrunken hätte!

Es war das Letzte, was ich für ihn tun konnte. Ich blieb an seinem Bett sitzen, hielt seine Hand und streichelte ihn. Er schlief schon wieder.

Sein Herz hatte aufgehört zu schlagen, als sein Freund und Arzt seit vielen Jahren bei uns eintraf. Meine Tochter hatte ihn angerufen.

Am nächsten Abend um 23 Uhr hatte ich die Familie in unser Haus gebeten. Der blumengeschmückte Sarg stand im Wohnzimmer, leise Musik begleitete die stille Aussegnung, die der Pfarrer vollzog. Es war genau Mitternacht, als Heinz hinausgetragen wurde.

Erst am nächsten Vormittag gab ich offiziell bekannt, dass mein Mann gestorben war. Kurze Zeit darauf war unsere kleine Straße voller Menschen, Fotoreportern und Fernsehkameras. Aber es gab nichts zum Aufnehmen. Ich hatte mich im Haus zurückgezogen, und mein Enkel sorgte dafür, dass ich meine verdiente Ruhe hatte.

Der Abschied

Alle unsere Freunde hatten Verständnis für die Art und Weise, wie ich von meinem Mann Abschied genommen habe. Ich konnte nicht anders. Nur einmal kam mir eine Bemerkung zu Ohren, »er hätte ein Staatsbegräbnis haben können ...« Hätte er das gewollt? So wie wir gelebt haben und wie ich ihn kannte, bin ich sicher, in seinem Sinne gehandelt zu haben.

Heinz bekam seine Abschiedsfeier, so schön, wie man es kaum schildern kann. August Everding war es, der im Prinzregententheater diese Feier zusammen mit seinen Mitarbeitern arrangiert hatte.

Man schrieb den 30. Oktober 1994. Mein Platz war in der ersten Reihe des Zuschauerraumes. Zu meiner Linken saß der bayerische Ministerpräsident Edmund Stoiber mit seiner Frau, daneben der Sohn meines Mannes, Professor Dr. Peter Rühmann, und seine Familie. Als ich zu meinem Platz geleitet wurde, erblickte ich unsere liebe Katharina trauernd und in Tränen neben ihrem Vater Gyula Trebitsch.

Zu meiner Seite hatte August Everding Platz genommen zusammen mit seiner Frau Gustava, unserer lieben Freundin. Verwandte und enge Freunde hatten sich eingefunden, so natürlich auch meine Schwester. Ganz nah hinter mir saßen meine Kinder, Schwiegertöchter und Enkel. Ich spürte eine große Geborgenheit.

Herr Stoiber ließ mich seine Anteilnahme spüren, was mir gut tat und mich stärkte. Vom Rednerpult aus hielt er

89 Das letzte Porträt

Der Abschied

eine sehr schöne Laudatio für Heinz, die dessen Leben, sein Wesen und seine Bedeutung für sein Publikum umriss.

Mit brausendem Gesang stimmte nun der Chor der St.-Michaelis-Kirche, der aus Hamburg angereist war, unter der Leitung seines Kantors Professor Jena zu dieser Feierstunde ein. Dann kamen Partner und Kollegen mit Gedanken und Erinnerungen an Heinz Rühmann zu Wort. Auch Heiteres – wie sollte es auch anders sein – war dabei.

Mario Adorf präsentierte einen sehr witzigen Filmausschnitt, der in einer Gefängniszelle mit ihm und Rühmann spielte.

Liebevolle Worte sprachen Liselotte Pulver, ebenso Bruni Löbel, die sehr häufig Heinzens Partnerin gewesen war. Maria Schell bedauerte, nie mit Heinz vor der Kamera gestanden zu haben, bekundete ihm aber ihre Freundschaft und Hochachtung. Ebenso ihr Bruder Maximilian Schell. Ihnen schlossen sich Romuald Pekny und Lola Müthel an. Hermann Prey sang für Heinz ein letztes Lied. Hans Clarin stand von seinem Platz auf und sagte: »Er war der Größte, weil er der Einfachste war.« Bei dieser großen Hommage hatte man nicht vergessen, die Clowns vom Circus Roncalli einzuladen. Sie traten mit einer zirzensischen Einlage auf.

Das fand ich sehr rührend, erinnerte es mich doch an Heinzens Vorliebe für die Figur des Clowns und seine Auftritte im Circus Roncalli, einer Veranstaltung zu Gunsten der Wiedererrichtung des Prinzregententheaters, in dem nun seine Abschiedsfeier stattfinden konnte. Einige Male trat er als Clown im Circus Krone auf, bei der großen Wohltätigkeitsgala der Münchner Abendzeitung. So auch damals mit dem russischen Clown Popov.

Zuletzt betrat August Everding das Rednerpult und sagte seinem Freund und Weggefährten Lebewohl. Er sagte es für uns alle. Gewaltig erklang der Chor mit dem *Deo gratias* von Johannes Ockeghem, das so oft mit ihm und für ihn in der St.-Michaelis-Kirche zu Hamburg gesungen wurde.

»Nehmen Sie sich am 7. März 1997 nichts vor ...«

90 Sein letztes Lied. Das Clownlied

»Nehmen Sie sich am 7. März 1997 nichts vor ...«

Hertha Rühmann   Klosterweg 29
                                                  82335 Berg

„Nehmen Sie sich am 7. März 1997 nichts vor ..."
sagte Heinz Rühmann am Schluß der Feier seines 90. Geburtstages.
Nun ist er nicht mehr unter uns;
dennoch wollen wir den 95. in seinem Sinne im Freundeskreis begehen.
Aus diesem Anlaß lade ich

zu einer FEUERZANGENBOWLE
am Freitag, 7. März '97, um 18 Uhr
ins »Café Prinzipal« am Prinzregententheater München herzlich ein!

91/92 Zur Feuerzangenbowle fanden sich enge Freunde und Weggefährten meines verstorbenen Mannes ein, wie unter vielen anderen Senta Berger, August Everding und Hans Clarin.

»Nehmen Sie sich am 7. März 1997 nichts vor …«

Anneliese Friedmann

10 - 3 - 97

Liebe Frau Rühmann,

was für ein freundschaftlicher
Abend, was für ein Wiedersehen
mit Heinz – dem unvergleich-
lichen Schauspieler, der eine
Gefühlsskala mit einem Heben
der Braue, dem kaum ange-
deuteten Lächeln – den
Mundwinkeln ausdrücken
konnte.
Er lebt mit Ihnen weiter.
Nie habe ich ihn so gelöst und
glücklich gesehen wie in der
Zeit mit Hertie.
Danke für die "Feuerzangenbowle"
Ihre
Anneliese Friedmann

93 Anneliese Friedmann schrieb mir diesen Brief.

»Nehmen Sie sich am 7. März 1997 nichts vor ...«

94/95 Der Weg, den Heinz am liebsten ging, wurde nach seinem Tod in Anwesenheit des Gemeinde- und Landrates feierlich nach ihm benannt.